LES RECLUS DE MONFLANQUIN

intime conviction

L'Affaire Rambla ou le Fantôme de Ranucci, Agnès Grossmann, 2021

L'Affaire Roukia ou les Ombres de Mayotte, Nicolas Goinard, 2022

L'Affaire Élodie Kulik ou le Combat d'un père, Catherine Siguret, avec la participation de Jacky Kulik, 2022

L'Affaire Cécillon. Chantal, récit d'un féminicide, Ludovic Ninet, 2023

Les Reclus de Monflanquin. Une famille sous emprise, Margaux d'Adhémar, 2023

Margaux d'Adhémar

LES RECLUS DE MONFLANQUIN

Une famille sous emprise

intime conviction

Les Presses de la Cité

92, avenue de France – 75013 Paris
ISBN 978-2-258-20416-4
Dépôt légal : octobre 2023

ARBRE GÉNÉALOGIQUE

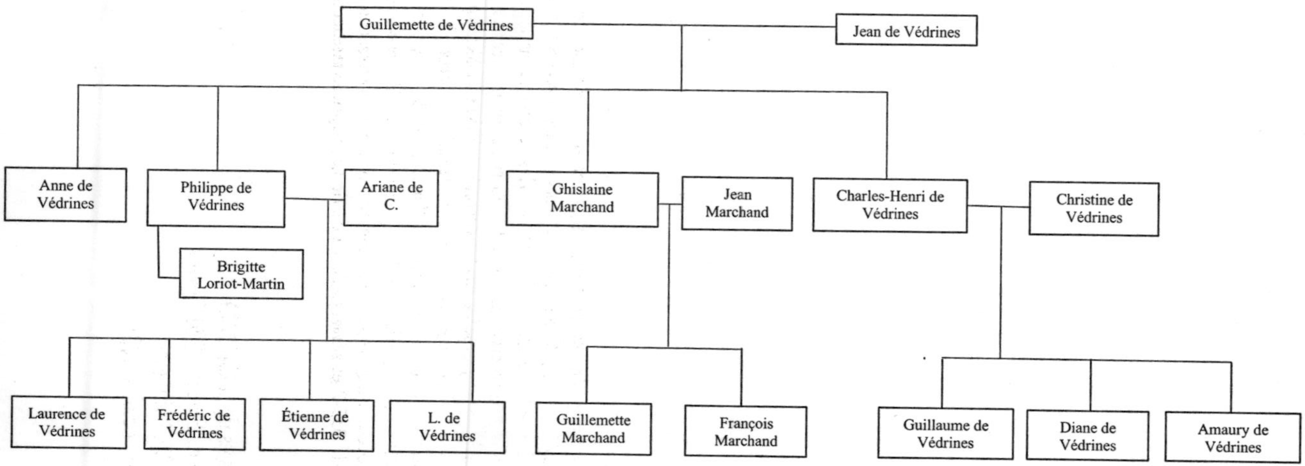

Prologue

Comment onze membres d'une même famille, des gens *normaux*, ont-ils pu se soumettre aveuglément à la volonté d'un seul être ? Perdre tout libre arbitre ? Vivre confinés pendant dix ans, sans jamais se rebeller ?

Captifs dans leur propre demeure, un immense château aux volets rouge sang, les Védrines ont été anesthésiés psychologiquement par un homme.

Il s'appelle Thierry Tilly. C'est un prédateur, mais il n'a rien d'un tigre ou d'un loup, c'est une araignée.

Ses proies n'ont rien vu venir : lentement, patiemment, Thierry Tilly a tissé sa toile.

1

Une rencontre

Septembre 1998, Paris. À cinquante-deux ans, Ghislaine Marchand est une femme débordée. Elle vient d'être nommée à la tête de La Femme Secrétaire. L'école était au bord de la faillite et Ghislaine avait fait partie des parents d'élèves qui s'étaient proposés pour en prendre la direction. Ghislaine avait le profil idéal.

Avec ses cheveux courts coupés à la garçonne, ses lèvres légèrement pincées et son regard clair, bleu, direct, elle affiche un côté boy-scout qui rassure. Mère de famille pragmatique. Caractère bien trempé. Un certain aplomb. Un dynamisme à toute épreuve. Aisance relationnelle héritée d'une éducation à cheval sur l'étiquette.

Le nom de l'établissement pourrait prêter à sourire. Et pourtant, à l'époque, La Femme Secrétaire est une référence prestigieuse. Depuis l'après-guerre, ce cours privé enseigne aux jeunes filles de bonne famille les métiers de l'administration. Les apprenties se rendent tous les matins dans le très chic septième arrondissement de la capitale, au 101 rue de Lille. Elles étudient toute une armada de concepts technico-administrativo-commerciaux, au rang desquels la comptabilité, la gestion des ressources humaines ou encore le droit. Les cours ont lieu dans un bel hôtel particulier, à quelques pas du musée d'Orsay.

L'été, caniculaire, avait connu la fièvre bleue. Les Brésiliens avaient été battus 3-0. Pour la première fois, l'équipe de France devenait championne du monde. Mais la liesse générale qui emplissait alors l'Hexagone n'a pas duré. Après plusieurs semaines de « Et un… et deux… et trois… zéro », les drapeaux bleu-blanc-rouge volant sur les mobylettes se sont raréfiés. Des pluies diluviennes se déversaient sur tout le pays, poussant Johnny Hallyday à annuler son concert au Stade de France.

Dans la petite cour parisienne de la rue de Lille, c'est jean denim et veste tailleur oversize. Walkman auto reverse sur les oreilles, on écoute « La tribu de Dana » de Manau. Les élèves de la « FemSec » espèrent trouver rapidement du travail. Elles savent que la concurrence sera rude : dans ces années 90, la France compte près d'un million de secrétaires diplômées et le spectre du chômage n'est jamais bien loin. En attendant, dans les couloirs, on parle du scandale Monica Lewinsky, cette stagiaire de vingt et un ans à la Maison-Blanche qui a entretenu une liaison avec le président Bill Clinton. Le soir, on va voir *Titanic* au cinéma.

Ghislaine, elle, n'a pas le temps de se rendre dans les salles obscures. Toute l'énergie de la quinquagénaire est absorbée par son nouveau poste à la FemSec. Le défi est de taille. Cela tombe bien : Ghislaine a l'esprit de compétition.

Née de Védrines, Ghislaine Marchand avait fait ses études dans une école de secrétariat à Bordeaux. Une fois son diplôme en poche, elle a la vingtaine. Derrière les murs du château de son enfance, Mai 68 s'apprête à gronder. L'heure est à l'insouciance. Ou à la fuite : après avoir perdu son premier amour, Ghislaine aime à nouveau. Alors, entre deux verres de limonade et quelques soirées bordelaises, la jeune femme a, sans grande conviction, consulté les annonces du *Figaro*. Une publication, coincée entre une proposition d'appartements à cinq minutes de l'Étoile et une place de parking dans le quinzième, attire son attention. On cherche quelqu'un pour un poste chez Citroën, au service presse et relations publiques. Elle est embauchée. Le constructeur automobile a la charge d'organiser deux grands rallyes. Un premier vers l'Afghanistan et un autre en Iran. Ces raids sont couronnés par la remise du « Prix Citroën ». Une distinction qui attribue chaque année 100 000 francs à l'équipage ayant effectué en 2 CV le reportage photographique ou filmé le plus exaltant.

Nous sommes en 1970. Ghislaine fait partie des organisateurs du Paris-Kaboul-Paris. Un trajet de seize mille cinq cents kilomètres, qui ne lui fait pas froid aux yeux. Quatre cent quatre-vingt-quatorze équipages constitués de mille trois cents jeunes de moins de trente ans se lançaient alors dans l'odyssée afghane. L'ambiance était bon enfant. On propose même à Ghislaine de piloter l'un des bolides. L'année suivante, elle organise le raid en Iran, un Paris-Persépolis-Paris qui s'étire sur près de treize mille cinq cents kilomètres.

Sa lancée s'arrête subitement après un divorce. Elle se sépare de son premier mari et sombre dans la dépression. Elle est hospitalisée. Mais il en faut davantage pour mettre à terre cette jeune femme réputée pour sa persévérance. Une fois remise sur pied, elle retrouve du travail. Pas question de rester les bras croisés. Pas son genre. Elle devient commerciale chez la grande couturière Sonia Rykiel, puis obtient un poste chez Givenchy.

Elle fait la rencontre de Jean Marchand, un journaliste. Ils se marient en 1976 et fondent une famille harmonieuse et sans histoire. Ils s'installent à Fontenay-sous-Bois, dans le Val-de-Marne. Entre-temps, Ghislaine est recrutée comme surveillante générale d'une école primaire bilingue, Eurécole, où il lui arrive parfois de croiser Jane Birkin et ses filles. Son parcours professionnel aurait pu s'arrêter là. Mais lorsqu'on lui propose de devenir la directrice de La Femme Secrétaire, Ghislaine accepte aussitôt. Parce qu'elle a le goût du défi, mais aussi pour une raison simple : si l'établissement fait banqueroute, son aînée Guillemette, scolarisée à la FemSec, sera privée de son BTS d'assistante de direction bilingue.

Ce matin-là donc, la pluie ruisselle sur le pare-brise des quelques Renault Twingo et Peugeot 205 garées le long de la rue de Lille. Dans la tête de Ghislaine, les idées bouillonnent. À lui rompre le crâne. Ce qui ne déplaît ni à ses collègues, qui voient en elle le poumon de l'établissement, ni aux parents d'élèves, qui louent son enthousiasme contagieux. La nouvelle directrice est soutenue par Vincent David, parent d'élève très investi dans la réorganisation de l'établissement. Par sa profession d'avocat d'affaires, il lui a aussitôt inspiré confiance. Lorsque celui-ci lui présente un certain Thierry Tilly, Ghislaine est loin d'imaginer combien cette rencontre va bouleverser son existence.

2

Un certain monsieur Tilly

Les petits événements, ceux-là mêmes qui paraissent anodins, ces épisodes a priori insignifiants, ces engagements qui ne semblent pas en être, sont parfois les plus déterminants dans une vie. Ce fut le cas pour Ghislaine, dont le destin s'est noué au détour d'une banale discussion avec maître Vincent David. Le sujet n'avait rien de très excitant : la remise à neuf des locaux de la FemSec. L'avocat lui a suggéré d'opter pour la société de nettoyage de son ami Thierry Tilly. La quinquagénaire a accepté le contrat.

Tout au long de l'année scolaire qui suit ce grand ménage estival, Vincent David se rend de plus en plus régulièrement dans les bureaux de l'école. Toujours en compagnie de monsieur Tilly. Les apparitions de ce dernier sont furtives : à peine Ghislaine voit-elle passer un élégant imperméable Burberry. À cette époque, leur relation se limite à des sourires polis, des « Comment allez-vous ? » jetés entre deux claquements de porte.

Thierry Tilly est un homme pressé. Ghislaine le trouve courtois, toujours très apprêté. Pas un fil ne dépasse de ses costumes et ses Weston sont impeccables. De taille moyenne, il arbore un visage lisse, tiré, sans expression. Deux iris d'un bleu océanique perçant. Un léger strabisme. Un regard qui ressemble à « celui, hypnotique, d'un boa face à sa proie », dira plus tard l'un des frères de Ghislaine. On lui donne la trentaine. Étrangement, Thierry Tilly ne fait pas à tous le même effet. Lorsqu'elle le voit pour la première fois, la secrétaire pédagogique de la FemSec découvre un homme « d'une apparence extrêmement commune », « sans aucun charisme » et doté d'« une petite voix toute fluette un peu haut perchée ». Rien de très extraordinaire. Ce qui la marque en revanche, c'est sa poignée de main. « Il peut vous tordre la main à vous faire plier les genoux, tellement il a une force exceptionnelle. »[1]

Quand la directrice se risque à questionner Vincent David sur la présence de cet individu entre les murs de la FemSec – alors même que l'école a d'ores et déjà été nettoyée de fond en comble durant l'été –, l'avocat lui explique qu'il a retenu sa société de nettoyage pour l'année entière. Maître David s'empresse d'ajouter que cela lui semble d'autant plus judicieux que cet ami ne se limite pas à cette activité : responsable d'une entreprise

1. Documentaire « L'affaire des "reclus de Monflanquin" », par Sébastien Gilles, Productions Tony Comiti, diffusé le 18 décembre 2018.

informatique, Tilly a accepté de livrer à La Femme Secrétaire de nouveaux ordinateurs et imprimantes. Une opportunité en or. Ghislaine finit par s'accommoder de sa présence.

Les mois passent. La directrice se surprend à prêter une oreille de plus en plus attentive aux conseils que monsieur Tilly peut lui prodiguer. Ghislaine a par exemple décidé, sur ses recommandations, de changer le nom de « La Femme Secrétaire » en « Institut de formation supérieure d'assistantes de direction » (IFSAD). Moins misogyne. Mieux : lorsque Ghislaine émet le souhait d'ouvrir la formation à l'international, Thierry Tilly propose de créer des passerelles d'échanges avec des élèves scolarisés en Angleterre dans des écoles de secrétariat. Il a des contacts, affirme-t-il. Ghislaine sent son admiration grandir pour cet homme qui a tout du brillant entrepreneur au carnet d'adresses fourni. Elle se confie chaque jour un peu plus sur ses tracas du quotidien. Thierry Tilly fait preuve d'une constante bienveillance à son égard, toujours soucieux de régler ses divers problèmes.

3

Agent secret…

À l'automne 1999, soit un an après leur rencontre à la FemSec, Ghislaine présente Thierry Tilly à son mari, Jean Marchand. Le couple, solide, uni depuis vingt-trois ans, a deux enfants : Guillemette – qui porte le prénom de sa grand-mère maternelle –, vingt-deux ans, et François, vingt ans. Le jeune homme vient tout juste d'intégrer une école de commerce post-bac, l'IDRAC (Institut pour le développement et la recherche d'action commerciale). Des études qui n'enthousiasment guère Jean, devenu froid et distant avec son fils. Ghislaine tente d'apaiser les tensions. En vain. Elle s'en ouvre à Tilly, dans l'intimité de son bureau. Elle lui fait part de l'ambiance délétère qui règne alors dans son foyer et de l'humeur cafardeuse de son mari, ces derniers temps nerveux et irritable. Un comportement qui déteint nécessairement sur leur couple. Thierry Tilly écoute, attentif, compatissant, l'air concerné. De sorte que, lorsqu'il fait la connaissance de Jean Marchand, il sait déjà nombre de choses à son sujet.

Leur rencontre a lieu lors d'une soirée de dégustation de vins de Bordeaux, dans la villa du Vésinet de maître

Vincent David. Ghislaine et Jean sont reçus par l'épouse de l'avocat, C. Celle-ci sait que Ghislaine et Vincent sont devenus bons amis : œuvrer ensemble au redressement de la FemSec les a rapprochés. C'est donc spontanément que les Marchand ont été invités. Ainsi que Thierry Tilly.

Un ami commun, gérant d'une société de champagnes, les avait présentés l'un à l'autre. À l'époque, Tilly avait besoin de l'expertise juridique de maître David pour régler des problèmes au sein de ses entreprises. Mais, peu à peu, l'avocat s'était vu chargé d'élaborer des contrats, voire de régler des litiges avec des bailleurs. Thierry Tilly l'a ensuite persuadé de s'associer à un projet immobilier à Albiez-Montrond, en Savoie. Des liens professionnels et amicaux se sont tissés. Alors, lorsque Thierry Tilly lui avoue qu'il traverse un moment difficile, qu'il n'a plus de ressources et qu'il est sans domicile, Vincent accepte de l'accueillir durant un mois dans sa maison des Yvelines. C., elle, ne voit pas cette proposition d'un bon œil : l'invité lui semble « difficilement cernable » et l'inquiète par son « attitude fuyante ». Au bout de quelques jours, la cohabitation lui étant devenue insupportable, elle exige le départ de Tilly, dont les demandes d'argent se font de plus en plus pressantes : à plusieurs reprises, Vincent et C. se sont vus obligés de régler certaines ardoises de leur hôte... Pour autant, cela n'a pas entaché la confiance de l'avocat envers Tilly.

En ce dimanche de septembre 1999 donc, le jardin des David est encore verdoyant. Une odeur de pelouse fraîchement tondue plane autour des assiettes de petits-fours alignées sur un immense buffet. Des voix s'élèvent gaiement, rythmées par le tintement des verres en cristal qui s'entrechoquent. Non loin se tient Thierry Tilly. Ghislaine s'empresse de le présenter à son mari. Jean Marchand, circonspect, s'approche sans grande conviction de l'homme. Et s'il ne ressent aucune jalousie – Jean Marchand s'en défend – tout du moins éprouve-t-il une défiance, comme une suspicion instinctive, de celles qui peuvent naître lorsqu'on rencontre une personne dont on vous a trop chanté les louanges. Malgré ses réticences, Jean tente de se raisonner : il doit faire un effort par égard pour sa femme. Et puis, journaliste de profession, il sait qu'il ne faut pas s'arrêter aux premières impressions. Il joue donc le jeu. Il résume son parcours de vie, lui parle de Sciences Po, où il a étudié. De son métier de journaliste et de juriste, qu'il exerce en parallèle. De sa collaboration avec le quotidien catholique *La Croix*, pour lequel il est notamment rédacteur en chef du service Économie. Il a aussi travaillé pour le quotidien économique *Liaisons sociales* et pour *Le Moniteur des travaux publics et du bâtiment*. Au fil de la discussion, il se voit confier à Thierry Tilly son souhait de fonder son propre journal. Il en a déjà le titre : *Réussir à l'étranger*. À son tour, Thierry Tilly se présente ; il travaille dans l'intelligence économique. Mais, décidément, Jean n'est pas convaincu. Intuition qui se confirme lorsque, la soirée touchant à sa fin, Thierry Tilly le harponne et lui glisse qu'il a une confidence à lui faire : il est agent secret au sein d'un organisme supranational. La révélation n'a pas du tout l'effet escompté. Et Jean Marchand se hâte de s'immiscer dans d'autres discussions. On y parle aussi bien du terrible et mortel accident d'avion du fils de John Kennedy, en juillet, que de Boris Eltsine et de Vladimir Poutine, un inconnu qui vient tout juste d'être nommé Premier ministre en Russie.

Une fois seul avec sa femme, dans l'intimité de leur voiture, Jean Marchand décide de lui faire part de ses doutes. Il a beau essayer de convaincre Ghislaine que son ami Tilly n'est pas digne de confiance, elle ne veut rien entendre. Comme d'habitude, Jean voit le mal partout. Comme d'habitude, il est négatif. Alors que *lui*, Tilly, au moins, il ne la prend pas de haut.

Lui, au moins, il l'écoute.

Las, le couple en reste là.

Mais Jean n'en pense pas moins.

Malgré les réticences de son mari, Ghislaine continue d'échanger régulièrement avec Thierry Tilly. À la FemSec, il devient son bras droit officieux.

Les commérages vont toujours bon train, mais Ghislaine n'en a que faire.

Depuis que Thierry Tilly est apparu dans sa vie, tout lui semble plus clair, plus léger. Elle ne fait désormais plus rien sans son aval. Au moindre problème, elle sait qu'elle peut compter sur lui.

4

Intronisé chez les Védrines

C'est donc tout naturellement qu'elle propose à ses frères de faire appel à Thierry Tilly lorsque le clan Védrines se réunit pour un conseil de famille. Nous sommes en l'an 2000. Tous s'interrogent sur la meilleure façon de régler un contentieux entre leur mère, Guillemette de Védrines, et les acheteurs d'une de ses propriétés.

La famille de Védrines est conviée à Bordeneuve, la résidence secondaire du Lot-et-Garonne de Ghislaine. Il s'agit d'une ancienne métairie du château familial, Martel, situé à quelques kilomètres d'un village médiéval de deux mille deux cents âmes, Monflanquin.

Tous ont fait le voyage pour cette réunion. Il y a d'abord Philippe, soixante et un ans, cadre retraité de l'entreprise pétrolière Shell. Il est le deuxième de la fratrie, après leur sœur aînée, Anne, décédée trois ans plus tôt d'une tumeur au cerveau. Il habite non loin de Bordeneuve, dans une ferme qui porte le nom de « Talade ». Avec sa femme, Ariane, ils ont eu trois enfants. S'ils n'ont pas divorcé, Ariane et Philippe ne vivent plus ensemble, et ce dernier partage désormais sa vie avec Brigitte. Il y a également Charles-Henri, cinquante-deux ans. Gynécologue bordelais très réputé dans la région, c'est lui qui, avec son épouse Christine, a hérité du château. De l'union entre Charles-Henri et Christine sont nés trois enfants. L'aîné, Guillaume, vingt-deux ans, est sur le point de terminer une école de commerce à Marseille. De deux ans son cadet, Amaury donne du fil à retordre à ses parents. C'est un adolescent, un vrai : il fume du shit et se fiche des études. Enfin la petite dernière, Diane, quinze ans, la discrète.

À Monflanquin, tout le monde connaît les Védrines et leur doyenne, Guillemette de Védrines. Très attachée à ses origines terriennes et aristocratiques, c'est une grande dame à la figure digne et aux manières distinguées. Dans le village, elle est réputée pour la force d'âme dont elle a fait preuve pendant la Seconde Guerre mondiale. Durant ces années de pénurie, elle n'hésitait pas à partager ses maigres ressources – qu'elle pouvait produire grâce à sa ferme – avec ses voisins. À quatre-vingt-sept ans, elle n'a de cesse de relater avec émotion ce jour du printemps 1945 où son mari, Jean de Védrines, chevalier de la Légion d'honneur, officier du Mérite agricole (il était ingénieur agronome de profession) et décoré de la Croix de guerre 1939-1945, lui était revenu sain et sauf. Si la grande dame émeut toujours ses interlocuteurs, elle a conservé à travers les âges « une très forte personnalité », assure le sénateur et ancien maire de Monflanquin Daniel Soulage. Ses petits-enfants la décrivent comme une « dame de fer » avec une « force de caractère peu commune ».

Entourée de ses frères dans son spacieux et lumineux salon de Bordeneuve, Ghislaine, la troisième de la fratrie, évoque le nom de cet homme, Thierry Tilly, qui « fait des miracles ». Comme Ghislaine a un certain ascendant, on l'écoute. Il pourrait sans aucun doute leur donner des conseils. Elle lui a déjà parlé de la situation et Tilly est d'accord pour les aiguiller. Mais il souhaite discuter de ce litige seul à seul avec Charles-Henri, par téléphone.

Charles-Henri est un homme solide et rassurant pour qui se savoir utile est primordial. C'est un médecin qui se donne corps et âme à son métier ; il ne compte jamais ses heures. Rien d'étonnant à cela : chez les Védrines, c'est le devoir avant tout. Lorsqu'il n'est pas au cabinet, il passe la plupart de son temps à bricoler ou à jardiner. Il apprécie ces travaux manuels et aime le contact avec la terre. Sa carrure d'ours contraste avec un regard doux et rempli de bienveillance.

Face à la proposition de sa sœur, Charles-Henri hésite. Ghislaine insiste : celui qu'elle surnomme avec affection « Tilly » aurait un *plan* pour les sortir de ce mauvais pas. Charles-Henri, d'abord un brin dubitatif, finit par accepter.

À peine consent-il à s'entretenir avec cet inconnu que déjà Ghislaine lui tend le combiné. Tilly répond aussitôt. L'échange téléphonique est bref. Charles-Henri réapparaît avec un sourire satisfait. Sa sœur avait raison : le propriétaire terrien se dit frappé par l'intelligence de ce monsieur Tilly. Quelle vivacité d'esprit ! Une sagacité rare, de nos jours. Vraiment, l'homme lui a fait une forte impression. À tel point que tous deux s'appellent de nouveau, quelques jours plus tard. Cette fois-ci, ils discutent d'affaires plus personnelles. Et finissent par convenir d'un rendez-vous.

Charles-Henri rejoint Thierry Tilly à Paris. Ce tête-à-tête a lieu au détriment de quelques consultations que le praticien a dû décaler. « J'aurai *Sud Ouest* à la main », avait averti le médecin. Mais Tilly sait déjà très bien à quoi ressemble le gynécologue, il a vu sa photo chez Ghislaine.

Les deux hommes s'installent dans l'un des cafés de la place du 18-Juin, non loin de la gare Montparnasse. Le praticien apprécie la conversation de cet individu, qui lui paraît mesuré et discret. L'ami de sa sœur commence par nommer des membres de l'élite politique. Il se fend de quelques petites anecdotes, comme si ces politiciens étaient ses amis intimes. Une façon de montrer patte blanche. Thierry Tilly semble aussi très au fait de certains aspects de la vie de Charles-Henri. Il lui glisse notamment être au courant de sa candidature sur la liste d'Alain Juppé aux élections municipales de 1995. Il touche juste. Charles-Henri est étonné par cet homme informé de choses que peu dans son entourage connaissent. Ce détail – son nom sur la liste de Juppé – pousse Charles-Henri à penser que ce Thierry Tilly évolue dans les mêmes cercles que lui. Alors le châtelain se laisse aller aux confidences. Il évoque pêle-mêle les problèmes scolaires de son fils Amaury, ses difficultés à accorder du temps à ses enfants, la pression inhérente à sa profession, ses journées harassantes, les contrariétés liées à l'entretien de la propriété de Martel, dont il a hérité et, surtout, ses placements financiers. Il raconte aussi les vacances en famille au Pyla, la maison de Caudéran, à Bordeaux. Une sublime chartreuse aux volets bleu ciel, située dans le quartier chic de l'agglomération bordelaise, juste en face du célèbre et très prisé Parc bordelais, avenue du Général-de-Gaulle. Avec ses vingt-huit hectares, c'est le plus grand espace vert de Bordeaux. On s'y promène le dimanche à l'ombre des chênes et des platanes. Il y a un parc animalier, un petit train, un théâtre de Guignol. Un quartier idéal pour une vie de famille calme et sereine.

Thierry Tilly écoute avec patience et intérêt. De temps à autre, il souligne ses propres faits d'armes, tout en laissant planer le mystère sur ses activités. L'ami de sa sœur a un parcours pour le moins atypique. Brillant.

5

Hors du commun

Après son baccalauréat, Tilly se serait engagé comme volontaire pour préparer Saint-Cyr, sous réserve d'être pris en classe préparatoire[1]. Un défi qu'il a relevé haut la main, puisqu'il a été admis en 1982 au sein du prestigieux lycée parisien Henri-IV. Une place qu'il doit à sa grand-mère, assure-t-il ; elle a fait agir ses relations, lui a donné une lettre de recommandation pour le proviseur, et, aussitôt, les portes de la rue Clovis lui ont été grandes ouvertes. Il s'est ensuite engagé dans l'armée pour, affirme-t-il, préparer le concours de lettres… tout comme il aurait pu préparer le concours de mathématiques. Car Tilly excelle dans tous les domaines. Il surpasse tellement les attentes de ses professeurs que ces derniers exigent qu'il repasse certaines épreuves au rattrapage, imaginant sans doute que le jeune Tilly a triché. Il étudie ensuite le droit fiscal à l'université catholique de droit de Paris. En 1991, il intègre le Centre d'études diplomatiques et

1. C'est ainsi que se présentera Thierry Tilly aux experts psychiatres.

stratégiques, avec, du fait de son jeune âge, une dérogation. Les cours du CEDS s'articulent autour des sciences politiques, des relations internationales et de la diplomatie, avec pour vocation la formation des dirigeants, hauts fonctionnaires et officiers supérieurs. À titre d'exemple, aujourd'hui l'école compte parmi ses anciens élèves le premier conseiller à l'ambassade du Liban en France, ou encore le conseiller auprès du rapporteur spécial des Nations unies sur les mesures coercitives unilatérales et les droits de l'homme. C'est lors de cette formation que Thierry Tilly se constitue un carnet d'adresses fourni. Mais sa soif de savoir n'est toujours pas étanchée.

Alors le brillant étudiant se lance dans un doctorat en marketing afin de se spécialiser dans la lutte contre la contrefaçon. Son grand oral a lieu à Genève, devant des représentants de la Fondation Cartier. Face à un auditoire médusé, raconte-t-il, il démontre que le célèbre joaillier est l'auteur de sa propre contrefaçon. Il provoque un scandale. Le doctorant ne s'arrête pas en si bon chemin. Il s'inscrit dans un master de maîtrise d'ouvrage et de gestion immobilière à l'École des bâtiments et travaux publics, avant d'enchaîner avec un DEA de droit, économie internationale et renseignements, avec une spécialité en investissement et corruption. Puis, jusqu'en 2000, il travaille dans le renseignement pour diverses sociétés.

Il ajoute avoir des connaissances en fiscalité et en informatique. Il confie aussi avoir fait un peu d'humanitaire, une tradition dans sa famille, souffle-t-il. Il se définit comme quelqu'un de « carré », de « froid, efficace et convaincant ». Il parlerait huit langues couramment et il n'a besoin que de trois mois pour en apprendre une. Et souvent, alors qu'il parle français, il pense en anglais. Il se déclare également spécialiste en droit canon et sportif de haut niveau. Formé par un maître d'armes, il indique savoir tirer au pistolet de la main droite et à l'arc de la main gauche. Il raconte enfin les cours d'arts martiaux auxquels il a participé, se fendant d'une petite anecdote : un jour, il s'est fait casser les quatre dents de devant par son partenaire.

Charles-Henri est subjugué. Comment ne pas l'être par l'exemplarité d'un tel parcours ? Et puis, Thierry Tilly semble avoir le bras long. Peut-être pourrait-il lui faire rencontrer des personnalités haut placées ? L'introduire au sein de cercles prestigieux ? Le présenter à des hommes et des femmes influents ? À une élite internationale ? Dans le train du retour, Charles-Henri se surprendrait-il à rêver à de nouveaux horizons ?

Bientôt, Thierry Tilly propose à Charles-Henri un deuxième rendez-vous. Puis un troisième. Leurs entrevues s'enchaînent. Une fois à Paris, la suivante à Bordeaux.

Les deux hommes s'appellent à présent chaque jour et déjeunent ensemble plusieurs fois par semaine. C'est au cours de l'une de ces discussions que Thierry Tilly annonce à Charles-Henri qu'une menace pèse sur la famille de Védrines.

Le gynécologue prend cette annonce très au sérieux. Pourquoi ne le croirait-il pas ? Il a en face de lui un homme qui excelle dans tout, qui sait tout, qui tutoie les plus grands diplomates et navigue dans les cercles du pouvoir. Et, surtout, c'est un ami de sa sœur : il a donc toute sa confiance.

Un soir, chez lui, il ne manque pas d'évoquer avec Christine sa nouvelle connaissance. Décidément, Ghislaine avait raison, ce Tilly est un type formidable. Silencieuse, Christine acquiesce. Charles-Henri explique encore que Tilly lui a même donné des conseils concernant leurs placements financiers. Christine ne peut s'empêcher de sourciller. Pourquoi son mari a-t-il évoqué avec ce monsieur Tilly leurs finances ? Charles-Henri, impassible, poursuit. Thierry Tilly lui a conseillé de placer son argent et son patrimoine à l'étranger, loin des banques françaises, qui, d'après ses informations, seraient infiltrées par les Juifs et les francs-maçons, lesquels ne rêveraient que d'une chose : rafler leur héritage. À ces mots, Christine est quelque peu désarçonnée. Où veut-il en venir ? C'est pourtant simple : selon Tilly, les institutions financières fomenteraient un complot contre les vieilles familles aristocratiques. Et les Védrines seraient sur leur liste. Le praticien confie aussi à son épouse avoir des doutes quant aux conseillers en charge, depuis des années, de ses assurances-vie et de ses bons du Trésor. Christine est perplexe. Il est rare qu'elle contrarie son mari, en qui elle a une confiance aveugle, mais, ce soir-là, le discours qu'il lui tient lui semble lunaire. Pour autant, elle ne veut pas le froisser. Elle lui suggère néanmoins de se renseigner d'abord sur ce fameux Tilly qui, insidieusement, intervient de plus en plus dans les affaires de la famille de Védrines. La fin de leur discussion prend un tour plus étrange encore. Charles-Henri évoque une action offensive dirigée contre leur famille, à laquelle il faudra bientôt faire face. Il faut qu'ils se protègent, qu'ils mettent leur patrimoine à l'abri. Christine tressaille. Son mari a-t-il perdu la tête ? Charles-Henri a dû entrevoir dans les yeux de sa femme la stupéfaction, car il la rassure aussitôt : Tilly a un *plan*. Et, grâce à lui, ils ne sont plus isolés dans cette épreuve.

6

L'araignée du château de Monflanquin

Malgré les réticences de son mari, Ghislaine invite Thierry Tilly à l'édition de l'an 2000 du traditionnel festival de musique classique « Musique en Guyenne » que le couple organise chaque année à Martel. Thierry Tilly assure qu'il est juste de passage avec J., sa femme, et ses deux filles. L'aînée est issue d'une première union de J. C'est la « fille de cœur » de Thierry. La benjamine vient de souffler sa première bougie.

Jean est contrarié. Mais Ghislaine lui assure que les Tilly ne dormiront pas au château. Elle a réussi à leur dénicher une chambre à La Dame du Lac, ravissant petit hôtel au bord de l'eau non loin de Martel.

C'est dans la grande cour du domaine que, chaque été depuis seize ans, les Marchand accueillent deux cents musiciens venus du monde entier pour participer à « Musique en Guyenne ». Ghislaine est la trésorière de l'association, Jean le président. Charles-Henri et Christine n'ont pas fait d'objections à ce que le festival se tienne au sein de la propriété familiale. Durant une quinzaine de jours, les terres des Védrines sont envahies par un tourbillon de notes, plongeant les habitants dans les œuvres de Brahms, Chopin, Ravel ou Saint-Saëns. C'est aussi l'occasion pour les invités de visiter Monflanquin, que Stendhal lui-même avait qualifié de « petite Toscane ». L'écrivain était tombé sous le charme de cette bastide typique du Sud-Ouest. Une petite colline recouverte de tuiles en terre cuite qui teint la verdoyante campagne périgourdine de pigments ocre et calcaires. Un mamelon sur les hauteurs du Lot-et-Garonne. Monflanquin.

Avec ses bâtisses en pierres blondes, le village, dressé sur une terre des plus escarpées, n'a rien à envier au charme pittoresque de ses célèbres voisins fortifiés, Pujols-le-Haut, Villeneuve-sur-Lot et Villeréal. Aujourd'hui, la cité du XIIIe siècle vit au rythme des foires et des marchés animés par les maraîchers et fermiers du coin. Le jeudi matin, l'odeur des pruneaux d'Agen et celle des tourtières aux pommes parfumées à l'armagnac embaument la place des Arcades. Sur les étals, on peut acheter des côtes-de-duras, du vin de Buzet, de charnues tomates de Marmande, des noisettes de Cancon et des tranches de bœuf blond d'Aquitaine. Ici, chaque pierre respire la douceur de vivre.

Et ce n'est pas un hasard si, au fil des maisons à colombages, un souffle médiéval se propage irrémédiablement dans les ruelles. Chaque été, les deux mille habitants bouclent en toute hâte les derniers préparatifs du plus important événement de la ville, les Journées médiévales de Monflanquin. À la mi-août, la bastide vit durant plusieurs jours au rythme des parades, des banquets médiévaux, des spectacles de rapaces et des tournois de chevalerie. C'est l'occasion pour les villageois de déambuler dans les rues affublés d'armures, de cottes de mailles et de heaumes piqués de plumes. Ici on croise un cracheur de feu, là un jongleur, des troubadours, des bateleurs, des chevaliers sur leurs montures, des femmes sur des échasses, des tisserandes. Place des Arcades, il n'est pas rare de rencontrer un étrange personnage qui se présente volontiers comme « le fils bastard du bon roi Henri » et propose aux touristes de leur conter l'histoire de Monflanquin. Se hissant sur une murette devant la maison du Prince Noir, il explique que l'édifice aurait été baptisé ainsi en mémoire de la chevauchée en Aquitaine, au XIVe siècle, du prince de Galles Édouard de Woodstock, grand seigneur surnommé « The Black Prince ». Au XVIe siècle, alors que le pays est déchiré par les guerres de Religion, Henri IV promulgue l'édit de Nantes, instituant la coexistence sur le royaume entre catholiques et protestants. Monflanquin devient une place forte du pays réformé : la bastide a été choisie pour être une « place de sûreté », soit un lieu censé garantir la sécurité des huguenots. C'est dans la continuité de cette histoire que s'inscrit celle de la famille de Védrines, notables de la ville issus de la noblesse protestante bordelaise.

En ce mois de juillet 2000, peu de temps avant les Journées médiévales de Monflanquin, l'église Saint-André accueille le point d'orgue de la manifestation musicale. Élus, personnalités locales et villageois se ruent place du Cap-del-Pech. À la fin de ces deux semaines de concerts, comme un rituel, les Marchand invitent, le temps d'une soirée, les musiciens et les membres de l'équipe technique dans leur ferme de Bordeneuve, autour d'un gigantesque barbecue.

Une fois le festival terminé, les Védrines se retrouvent lors d'un dîner, avec famille et amis.

C'est à ce moment-là que Thierry Tilly choisit de faire son apparition, un attaché-case à la main. Il le dépose à l'entrée du salon et commence à discuter avec les hôtes des Védrines. Entre deux verres, Thierry Tilly évoque tantôt la situation des banques dans le monde, l'immobilier, l'invention de la carte à puce ou encore l'histoire de la noblesse. Son épouse, belle jeune femme au regard vert un peu perdu, se montre plus timide, plus discrète. Tout le contraire de son mari, qui profite de la soirée pour échanger longuement avec le frère aîné de Ghislaine, Philippe.

Adoptant le ton de la confidence, il lui glisse avoir été très choqué en apprenant que ce n'était pas lui, l'aîné, qui avait reçu le château en héritage. Thierry Tilly a touché un point sensible : il sait que la succession du château a suscité des jalousies. Des querelles byzantines, diront certains. Mais pas pour Philippe, qui est sensible à l'intérêt que lui porte cet homme respectueux des traditions. Alors Philippe lui raconte comment son père, Jean de Védrines, a décidé de transmettre le château à son fils cadet. Le patriarche avait mis en place une donation-partage, un acte notarié lui permettant de léguer, de son vivant, son patrimoine à ses héritiers. Comme le voudrait le droit d'aînesse, Philippe présumait que le château de Martel lui reviendrait. Mais Jean de Védrines ne l'entendait pas de cette oreille. En 1992, il cède le château à Charles-Henri. Un affront pour Philippe. Si les raisons de ce choix ne sont pas ouvertement évoquées par Jean de Védrines, dans la famille, on chuchote qu'elles seraient liées à l'importante fortune de Christine, sa belle-fille, l'épouse de Charles-Henri. Divisée face à cette décision, la fratrie décide malgré tout de respecter le choix du père, qui rend l'âme deux ans plus tard. Philippe n'a jamais émis aucun reproche à l'encontre de Charles-Henri.

« Il n'y est pour rien, dans cette histoire. J'aime beaucoup mon frère », souffle Philippe, ajoutant que depuis la mort de leur père tous ont continué à se réunir à Noël et durant les vacances d'été.

S'il avait reçu la nouvelle de la succession avec une certaine amertume, il avait donc fini par se faire une raison. D'autant qu'il avait été séduit par une petite ferme, Talade, ancienne possession familiale située non loin du domaine.

« C'est là où les premiers Védrines ont habité, bien avant de s'installer à Martel, qui a été construit par mon arrière-grand-père en 1862 », explique-t-il à Thierry Tilly.

De fil en aiguille, comme Ghislaine et Charles-Henri avant lui, Philippe se confie : il ne s'entendait pas très bien avec son père. Quand celui-ci est rentré du front, le petit Philippe avait cinq ans. À la maison, il était au centre de toutes les attentions. Ce qui aurait déplu à Jean de Védrines. Force était de constater qu'il préférait de loin Charles-Henri, poursuit Philippe. Certes, dans sa jeunesse, il en avait souffert, mais à présent il s'était fait à l'idée... Tandis que Philippe et Thierry discutent, la fille de Philippe, L.[1], surveille de loin. Décidément, elle ne l'aime pas, ce Thierry Tilly. Elle n'est pas du tout sous le charme du personnage. Elle ne comprend pas pourquoi sa tante ne s'étonne pas « qu'un employé de l'OTAN, docteur en droit, accepte de monter le réseau informatique d'une école de secrétariat ».

1. Le prénom a été supprimé à sa demande.

Et puis pourquoi ce Tilly n'arrête-t-il pas de répéter qu'il « exerce un métier dont on ne parle pas dans la presse » ?

Au cours de la soirée, Thierry Tilly converse aussi longuement avec Guillaume, l'aîné de Christine. « Tilly s'est présenté comme un membre d'une organisation supragouvernementale dont la mission était de garantir les équilibres dans le monde en luttant contre toute forme de corruption. Il avait des connexions avec l'OTAN et l'ONU. Il m'a expliqué que ma famille était infestée de francs-maçons et de rosicruciens[1] et qu'il avait pour mission de faire le ménage. Nous devions également nous méfier des homosexuels et des Juifs. Tout ce qu'il m'a dit m'a convaincu sur le moment », écrira le jeune homme, quelques années plus tard, dans son rapport au juge. Thierry Tilly croise enfin François Marchand. Il lui fait comprendre que s'il a été reçu au baccalauréat, c'est grâce à lui : il a fait jouer ses relations en sa faveur. Thierry Tilly bavarde ainsi avec les uns et les autres, toujours à l'aise, toujours au courant de tout, peu importe le sujet de conversation.

La soirée se poursuit sans fait notable jusqu'au moment où un convive tente de déplacer l'attaché-case de Thierry

1. La Rose-Croix est un ordre secret fondé au XVe siècle en Allemagne et qui, loin des religions, déclare chercher à atteindre un état suprême, celui de la sagesse universelle.

Tilly, qui gêne le passage. S'en apercevant, l'homme au Burberry entre dans une fureur folle, interdisant formellement à quiconque de toucher son bagage. Il est programmé pour exploser si un autre que lui tente de l'ouvrir. C'est secret défense. Ultraconfidentiel. Instance supranationale. Données sensibles. Etc., etc.

Sous l'effet de la surprise, les invités se tiennent cois. Des regards le scrutent de haut en bas. Comment cet homme, qui semblait si délicat et distingué, a-t-il pu, tout à coup, entrer dans une telle fureur ? De son côté, Jean Marchand, excédé par l'ami de sa femme, prend congé et monte se coucher. Il jette un dernier regard à l'assemblée avant de s'éclipser. À son grand étonnement, sa famille n'a pas l'air dépitée. Au contraire : son épouse et ses enfants considèrent ce Tilly avec admiration.

Thierry Tilly profite de l'absence du mari pour mettre Ghislaine en garde : elle doit être vigilante, tout le monde ici n'est pas pétri de bonnes intentions à son égard. Ghislaine le presse : de quoi parle-t-il ? Elle veut savoir. Il en a dit trop, ou pas assez. Alors Tilly consent à distiller quelques informations : sa mission est de protéger les familles aristocratiques des francs-maçons qui ne souhaitent qu'une chose, ruiner et détruire la noblesse française, seule trace encore tangible de la grandeur de notre pays. Il a été chargé de protéger les Védrines : ils font partie des élus. Ils sont désormais sous sa protection. À ces fins, il propose à Ghislaine d'équiper l'école de la rue de Lille de caméras de surveillance. Ghislaine accepte. Elle est flattée d'avoir été mise dans la confidence. Une pensée l'effleure : l'Histoire se répète et, face à une menace, il faut se tenir prêt. Ses aïeux protestants n'ont-ils pas été martyrisés par le pouvoir royal ? Il ne serait donc pas surprenant que, aujourd'hui encore, des puissances occultes tentent à nouveau de nuire aux siens. En ayant foi en Tilly, elle n'a rien à perdre.

7

Sous emprise

En janvier 2001, Ghislaine est frappée par une terrible nouvelle. Ce jour-là, Thierry la convoque dans son bureau. Elle n'a que quelques mètres à faire : le sien et celui de Tilly sont mitoyens. Il lui suffit d'ouvrir la porte.

L'homme d'affaires est plongé dans un de ses dossiers. Il lève sur Ghislaine un regard nerveux. Peut-être le dérange-t-elle ? Elle peut repasser plus tard… Non, non, elle peut s'asseoir. C'est important qu'elle soit assise, dit-il d'une voix ferme et grave. Il a quelque chose à lui annoncer. Quelque chose qui ne peut attendre. Ghislaine pressent le pire. Cela risque d'être douloureux, s'empresse d'ajouter Tilly, c'est primordial qu'elle soit au courant. Pour sa sécurité. Certes, peut-être devrait-il prendre des gants mais il n'a pas le temps. Elle le sait bien. Du reste, il doit la quitter dans quelques minutes. Des affaires de la plus haute importance. Et surtout, au nom de cette amitié qui les lie depuis trois ans maintenant, il lui doit la vérité.

C'est vrai, Jean est quelqu'un de très bien, mais… Ses équipes étaient sur le coup. Depuis plusieurs mois, il reçoit des informations compromettantes, qui le mettent dans une position fort délicate vis-à-vis de Ghislaine. Cette situation lui est devenue insupportable.

Après un silence qui semble durer une éternité, l'homme providentiel prend une longue inspiration. Et lui jette ce qu'il a appris : Jean est sur le point de partir pour les États-Unis avec la fille d'un haut fonctionnaire. Oui, Jean la trompe. Depuis combien de temps ? Difficile à dire. Mais il a des photos. Évidemment, elle ne veut pas les voir.

L'annonce a l'effet d'un couperet pour Ghislaine. Elle appelle aussitôt ses enfants. Elle leur demande de la rejoindre rue de Lille. Maintenant. Guillemette et François arrivent à toute allure à la FemSec. Elle leur fait part de la nouvelle. Ils sont anéantis. Heureusement, comme toujours, Thierry Tilly a un *plan*.

Deux mois plus tard, en mars 2001, sans prévenir quiconque, Thierry Tilly disparaît. Tout juste annonce-t-il à Ghislaine qu'il doit partir de toute urgence pour l'Angleterre. Une affaire confidentielle, en lien avec des instances si puissantes que Thierry ne peut lui en parler, suppose Ghislaine. Elle est loin d'imaginer que ce départ improvisé est en réalité motivé par le fait que l'homme a été condamné, le 14 décembre 2000, par le tribunal de commerce de Créteil à dix ans d'« interdiction de diriger, gérer, administrer ou contrôler une entreprise commerciale, artisanale, agricole et toute personne morale pour abus de biens sociaux ». Anticipait-il également sa future condamnation en 2002 par le tribunal correctionnel de Paris pour des faits d'abus de biens datant de 1993 et de 1994 à un an d'emprisonnement avec sursis (la condamnation est donc réputée non avenue) et 1 500 euros d'amende ? L'histoire ne le dit pas. Toujours est-il que, en quelques jours, Thierry Tilly s'évanouit dans la nature.

Loin de tarir l'influence de Tilly sur les Védrines, cet éloignement, au contraire, la renforce. L'absence a ses vertus : au fil du temps, l'aura et le mystère qui entourent Thierry Tilly s'accentuent.

L'équipe enseignante ne reconnaît plus sa directrice. Ghislaine a changé ; elle porte souvent des lunettes noires, dans les locaux, dehors. Elle est moins gaie. Sur le qui-vive. Par messages, Thierry lui explique comment gérer telle ou telle situation ; lui dicte quoi dire aux professeurs mécontents de ce nouveau fonctionnement en duo. Car la gestion de la FemSec glisse peu à peu des mains de Ghislaine à celles du propriétaire de la société de nettoyage. Certains enseignants s'en offusquent. La sentence de Thierry Tilly est sans appel : il faut les licencier. Après un énième congé donné à deux professeurs, l'école est sens dessus dessous.

À l'aube de l'été 2001, le bilan de la FemSec est catastrophique. Plus de deux ans après l'arrivée de Thierry Tilly, l'école est en faillite. Seule dans son bureau, Ghislaine ne peut que constater l'impensable : presque tous les enseignants ont été licenciés et les lettres de désistement d'élèves attendus pour la rentrée de septembre s'empilent sur son bureau. Malgré tout, Ghislaine se persuade que tout va s'arranger. Certes, Tilly est loin, mais il ne l'oublie pas. La preuve : il l'appelle maintenant cinq à six fois par jour. Et il lui assure, chaque fois, qu'il n'y a rien de grave : il va très prochainement embaucher des professeurs de haut niveau. À l'en croire, un vaste programme attend l'IFSAD : bientôt, l'école attirera des étudiants fortunés du monde entier pour les initier à la culture et à la langue françaises.

8

Soupçon de meurtre

Au cœur de ce mois de juin, les élèves sont partis en vacances. Ghislaine peut désormais se lancer corps et âme dans la préparation du dix-septième festival de Musique en Guyenne. Elle a toujours en tête l'épouvantable annonce faite par Tilly concernant son mari infidèle. Mais elle préfère, pour l'instant, en faire abstraction. Ou du moins essayer. Vue de l'extérieur, elle paraît à fleur de peau. Et cela déteint sur le festival. L'édition est un véritable fiasco. Les habitués sont froidement accueillis par la doyenne Guillemette de Védrines. Brigitte, la compagne de Philippe, a l'air hagarde. Elle reste la plupart du temps retranchée dans Martel, comme si elle craignait de se retrouver au milieu de la foule des invités. Jean Marchand, lui, est sans cesse entouré des Védrines, de sorte qu'il est impossible aux musiciens de l'approcher.

Ghislaine est sur les nerfs. À cette époque, elle est sur tous les fronts : quand elle ne travaille pas pour l'école ou pour le festival, elle veille aux préparatifs du mariage de sa fille. Mais ce qui la préoccupe surtout, ce sont ces informations dont l'inonde Thierry Tilly. Il lui répète sans cesse que Jean est « en train d'organiser quelque chose » contre elle, qu'il « a activé ses réseaux » et qu'il lui faut être « vigilante ». *Être vigilante. Faire attention. Être vigilante. Faire attention.* Ghislaine fait de son mieux et se répète en boucle le même mantra. Désormais, tout lui paraît suspect. Ce pot cassé à côté des anciennes écuries. Ce ruban attaché sur le rétroviseur de la voiture d'un invité. Ces phrases de politesse derrière lesquelles elle cherche systématiquement un sous-texte.

Ghislaine a beau déployer toute son amabilité, elle est ailleurs. Elle guette la moindre sonnerie de son portable. Comment pourrait-il en être autrement ? À chaque vibration de son téléphone, son ventre se noue. Thierry Tilly l'appelle, encore et encore. Sur un portable bien spécifique : celui que Tilly lui a offert, afin qu'ils puissent communiquer. À l'autre bout du fil, il lui rabâche que Jean est un menteur, un malade mental. « C'est un dangereux pervers, il a quarante maîtresses. » Ghislaine redouble de vigilance. Nouvel appel. Thierry a quelque chose d'important à lui dire. Depuis Londres, où il se trouve, il lui dévoile que des invités du festival, ralliés à la cause de Jean, complotent contre elle et sa famille. La situation est extrêmement dangereuse, d'après ses services. Bien sûr, Ghislaine ne peut pas mettre fin au festival comme cela, soudainement. Mais il faut à tout prix qu'elle reste vigilante. Ghislaine acquiesce. *Être vigilante. Faire attention*. Puis la sonnerie, de nouveau. Tilly. Il a encore quelque chose à lui révéler : Nicole, une amie du couple, est devenue la maîtresse de Jean. Une information que Thierry Tilly assure avoir fait recouper « dix fois » par ses équipes d'informateurs. La fille d'un haut fonctionnaire, et maintenant, Nicole ?! Assez. Trop c'est trop. Pendant qu'elle se démène pour le festival, l'école et le prochain mariage de leur fille, son mari s'amuse dans les bras d'autres femmes ? Qui plus est, avec l'une de ses amies, sous son nez ? Quelle humiliation. Elle craint que cela ne fuite. Sur les ordres de Tilly, Ghislaine appelle aussitôt Nicole, institutrice à Besançon et ancienne choriste. En quelques secondes, Ghislaine lui explique qu'elle sait tout. Et qu'elle ne veut plus jamais la revoir à Monflanquin. Nicole n'a pas voix au chapitre. Jean, de son côté, est surpris de constater que Nicole n'est pas présente au festival. Elle n'en a pas raté un seul, et participe même régulièrement à son organisation. Circonspect, il cherche à la contacter. En vain. Ghislaine n'évoquera pas cet appel avec son mari. Ni ce qu'elle croit savoir de lui.

La dix-septième édition de Musique en Guyenne se clôt. Ce sera la dernière.

La suite de l'été se poursuit, étonnamment, sans accroc particulier. Ghislaine et Jean Marchand se rendent pour une dizaine de jours à Orange, dans le Vaucluse, où ils assistent aux répétitions d'un spectacle des Chorégies pour lequel Sébastien, le fiancé de Guillemette, a été engagé comme chef de chant. Près de neuf mille personnes viennent chaque année à ce festival d'art lyrique qui, créé en 1869, est donné au théâtre antique d'Orange. Le couple Marchand loge dans un charmant hôtel, au milieu des vignes. Le matin, ils se rafraîchissent au bord de la piscine. L'après-midi, ils se baladent dans la région. Le soir, après avoir revêtu leur tenue de soirée, ils se rendent à l'opéra, dans le magnifique théâtre antique. Durant cet été 2001, Ghislaine paraît presque heureuse. Elle a préféré reléguer dans un coin de son esprit les révélations sur la relation supposée de Jean et Nicole. Elle délaisse ce maudit téléphone qu'elle semblait avoir greffé à son oreille. C'est avec des souvenirs musicaux plein la tête et détendus que les Marchand rentrent à Monflanquin pour se consacrer aux ultimes préparatifs du mariage de Guillemette et Sébastien. Plus de deux cents personnes ont été conviées. Tout doit être prêt pour le 1er septembre.

À quelques jours des festivités, lorsque Ghislaine s'entretient au téléphone avec Tilly, elle évoque tout naturellement avec lui le mariage, les invités, l'organisation de la réception. Thierry l'interrompt net : il ne faut surtout pas qu'elle convie au mariage le mari de sa sœur décédée,

Bertrand, ainsi que ses enfants. C'est un sinistre et dangereux personnage. Il détient à son sujet des informations d'une extrême gravité. Ghislaine, le souffle court, le coupe brusquement : elle ne veut pas en apprendre davantage. Un brin déboussolée, elle appelle son beau-frère pour lui signifier qu'il n'est pas le bienvenu au mariage. Celui-ci, stupéfait par ses propos, lui réclame une entrevue, des explications. Ghislaine accepte dans un premier temps, avant de se rétracter : entre-temps, nouvel appel, nouvelle mise en garde de Tilly. Ce dernier, d'une voix inquiétante, la met en garde : le rendez-vous est trop dangereux. À cet instant, Ghislaine ne peut pas le croire. Bertrand est un homme droit. Il a toujours été là pour sa sœur, Anne, qui aimait profondément son mari. Elle avait en lui une confiance aveugle. Thierry Tilly semble agacé. En quelle langue doit-il lui dire ? Il marque une pause. Ne comprend-elle donc pas ? Sa sœur Anne n'est pas morte d'une tumeur au cerveau.

Elle a été assassinée par Bertrand, son propre mari.

9

L'homme à abattre

1er septembre 2001, c'est le grand jour : Guillemette et Sébastien célèbrent leur mariage. Guillemette porte une sobre robe fourreau confectionnée sur mesure par une amie. Sur les photos, Ghislaine, vêtue d'un manteau droit couleur bleu roi et coiffée d'un large chapeau noir, arbore autour du cou un collier de perles. Ses mains sont recouvertes d'une paire de gants en velours bleu. Jean, ses claquantes lunettes Ray Ban sur le nez, fait montre d'élégance avec son chapeau haut de forme, son costume queue-de-pie et ses gants noirs. Sur les photos, le couple Marchand sourit. Il semble uni.

À 14 heures, les jeunes mariés sortent gaiement de la mairie. Tout un cortège les suit jusqu'à la place des Arcades, au cœur du village de Monflanquin. Ils se dirigent vers l'église Saint-André, où la musique de Mozart résonne déjà. Un prêtre et un pasteur les attendent. La messe terminée, au son d'un groupe de jazz cette fois, les mariés montent dans une calèche, direction le château de Martel. La fête peut commencer. Jean Marchand assure le traditionnel discours du père de la mariée. Puis vient le tour de la grand-mère de Guillemette. À la surprise générale, elle déblatère d'un ton glacial des maximes aux accents apocalyptiques… avant de clore son monologue en priant l'assistance de ne pas l'applaudir. On met ces élucubrations sur le compte de la vieillesse. Tout à son bonheur, le marié, Sébastien, n'y prête pas attention. Le lendemain, les jeunes époux s'envolent pour la Crète. Tout semble parfait. Mais le ver est déjà dans la pomme.

Quelques jours plus tard, Ghislaine doit effectuer un rapide saut à son domicile de Fontenay-sous-Bois avant de retourner à Bordeneuve, où Jean l'attend. À peine est-elle entrée dans son jardin qu'elle aperçoit, gisant au sol, un gant de jardinier et un bouquet de fleurs séchées qui ne lui appartiennent pas. Depuis cet été, sur les conseils de son protecteur, Ghislaine est particulièrement attentive à ce genre de détails. C'est pourquoi ces objets qui gisent sur son terrain lui paraissent suspects. L'angoisse monte : que signifie cette mise en scène ? Son frère Philippe, qui l'accompagne, lui conseille d'avertir immédiatement Thierry. Au téléphone, ce dernier adopte une voix blanche. Il est calme. Il murmure ne pas être surpris. Il était déjà au courant. Ces objets sont autant de signes qu'il s'agit de décoder.

Tout d'abord, le gant. La symbolique est large. Serait-ce un attribut de la tenue des francs-maçons ? Oui, c'est cela, souffle Thierry Tilly : ce gant est l'emblème du réseau auquel appartient Jean. Le bouquet de fleurs ? Thierry Tilly opte pour le motif classique du *memento mori* : selon lui, ces fleurs signifient que Ghislaine se rapproche de la mort. Il lui donne aussitôt ses directives pour éviter le pire : ranger dans une valise les objets auxquels elle tient, changer les serrures, emporter les preuves, le gant et le bouquet de fleurs, et descendre sans plus attendre en Lot-et-Garonne. Ghislaine s'exécute. Jamais elle ne saura pourquoi ce gant et ces fleurs avaient été déposés dans son jardin.

Le 7 septembre 2001 à 9 h 06, elle reçoit par mail les derniers ordres de Tilly :

> ghislaine,
> voici l'argumentaire concernant jean :
>
> ne pas y aller seule comme vous l'envisagiez fortement
> la présence de vos deux frères est impérative
>
> voici la suggestion pour aborder le rendez vous de 15 h 30 :
>
> apportez avec vous le bouquet de fleurs et le gant
> puis vous lui dites que vous relevez le gant et de commencer à faire ses bagages il a pour cela une demi-heure
> il sait très bien pourquoi son univers sectaire n'est pas compatible avec une vie digne et humaine

vous lui dites que vous etes organisée pour que tout se passe de manière juste

notamment la répartition égalitaire de la vente de la maison de fontenay

que son comportement avec les enfants est tellement monstrueux qu'il devrait savoir réunir la dignité qu'il lui reste peut etre pour savoir s'effacer proprement

que l'appartenance seculaire a sa secte ne le protegera pas s'il tente la moindre esquiisse de vengeance a l'egard de votre famille et que comme il le sait que le clan faure ne bougera plus pour lui

puis vous cloturez l'entretien de maniere froide avec cette phrase :

tu pars s'en te retourner et rassures toi les etres non initiés et faibles comme moi qui n'ont pas d'ames et ne sont tout juste bon qu'a etre des objets peuvent eux aussi de pas avoir de regrets ni de remords car c'est toujours la vie qu'il l'emporte contre la non vie des initiés.

je vous rapelle de suite

thierry

Ghislaine ne prête pas attention au style ni aux fautes d'orthographe du message, qui sont pour elle comme un gage de la gravité de la situation et de l'imminence du danger. Tilly a dû écrire ce message en urgence, suppose-t-elle.

Non sans nervosité, Ghislaine glisse le mail, qu'elle a imprimé pour en garder trace, dans son sac. Mais dans la précipitation elle l'oublie chez elle. Escortée par ses frères, elle descend comme convenu dans le Lot-et-Garonne pour rejoindre son mari resté là-bas.

Dès qu'elle ouvre la porte, elle se précipite sur Jean. Ses deux frères assistent à une scène d'une violence rare et inédite au sein de leur famille. Sans aucun état d'âme, Ghislaine déblatère le texte envoyé par Tilly. Puis, dans un geste qui se veut magistral, elle jette aux pieds de son mari le gant et le bouquet de fleurs. Celui-ci est frappé de stupeur. Sa femme serait-elle devenue folle ? Que signifie tout ce charabia délirant ? Et que font ici ses deux beaux-frères ? Pour apaiser les tensions, Jean propose à sa femme de s'asseoir, de discuter. Mais elle ne veut rien entendre : Thierry Tilly avait prévu le coup et avait préconisé à Ghislaine de ne surtout pas accepter de pourparlers. « Tu fais partie d'une secte et tu as une quarantaine de maîtresses ! » lui lance-t-elle alors, coupant court à toute conversation : Jean en reste sans voix.

Les deux frères, pensant d'abord assister à une scène de ménage, s'éclipsent dans le jardin. À travers la fenêtre, ils aperçoivent Jean et Ghislaine en pleine discussion, assis devant la cheminée. Ghislaine semble plus calme. Mais

Tilly appelle Charles-Henri. Il prend la température. Il lui dit de faire attention. Qu'il ne s'agit pas d'une simple dispute de couple. C'est très grave ce qui est en train de se passer. Il raccroche. Puis il rappelle encore. Tous les quarts d'heure. « Bon, cette discussion dure depuis trop longtemps. Il faut agir. Charles-Henri, Philippe, entrez dans la maison et dites à Jean de manière ferme de faire sa valise et de partir », ordonne Thierry Tilly au médecin. Les frères s'exécutent et pénètrent dans l'ancienne métairie.

Jean ne peut en croire ses oreilles. Il est hors de question qu'il quitte sa maison, il est ici chez lui. La discussion s'envenime. Bientôt, la discorde tourne à la bagarre. Charles-Henri et Philippe sortent de leurs gonds et attrapent Jean par les bras et par les jambes, prêts à l'expulser. Indigné et humilié, Jean hurle de le reposer à terre. Il préfère, finalement, faire ses bagages et quitter le domicile conjugal sur-le-champ. Cette plaisanterie a assez duré. À peine a-t-il rassemblé quelques affaires dans deux petites valises que déjà la fratrie, sans un mot, le conduit à la gare d'Agen.

Une fois à Paris, Jean attrape un taxi pour se rendre à son domicile de Fontenay-sous-Bois. Le chauffeur quitte la gare Montparnasse pour le périphérique, traverse la Seine par le pont Amont, longe les quais et le bois de Vincennes jusqu'à destination. Là, une désagréable surprise l'attend : toutes les serrures ont été changées. Il est tard et Jean prend une chambre d'hôtel. Le lendemain, devenu *persona non grata* dans sa propre maison, il réussit néanmoins à pénétrer chez lui, à Fontenay. Il constate non sans amertume que la plupart des affaires de Ghislaine ont disparu. Il aperçoit toutefois, dans un coin, un sac à main oublié. C'est plus fort que lui : Jean y jette un coup d'œil. Ahuri, il y découvre, imprimé, le mail de Tilly adressé à Ghislaine. Son regard balaie d'abord rapidement le papier noirci par l'encre de l'imprimante avant d'en lire avec attention chaque phrase. Ce sont exactement les mêmes que celles prononcées par sa femme.

Le sang de Jean ne fait qu'un tour. Après plus de vingt ans de mariage, il ne reconnaît plus celle qu'il a épousée. À présent, il en est persuadé : sa femme est sous emprise.

10

Confinés

Alors que le *combat* pour *sauver* le patrimoine des Védrines prend forme, une amitié profonde lie désormais Ghislaine et Thierry. Même s'il vit toujours en Angleterre, ce dernier réussit à se rendre indispensable. À présent, Ghislaine se livre intimement à lui. Mieux : désormais, ils se tutoient. Loin d'étioler leur relation, la distance a renforcé leur entente. Et l'absence nourrissant l'imaginaire, peu à peu, Ghislaine plonge dans l'univers de Tilly. Telle une éminence grise, celui-ci semble de son côté se complaire dans ce rôle qu'il s'est taillé au fil de leurs rencontres et de leurs discussions. Il devient le conseiller de l'ombre de Ghislaine de Védrines, à l'instar d'un François Leclerc du Tremblay, ce moine et conseiller du cardinal Richelieu resté célèbre pour avoir créé, grâce à un vaste réseau de capucins, un service de renseignement au service de « l'homme en rouge ».

Le 9 septembre 2001, deux jours après l'expulsion de Jean de son domicile de Bordeneuve, Ghislaine, son frère Philippe et sa belle-sœur Brigitte se rendent à l'IFSAD.

L'école a définitivement fait faillite et, sur les conseils de Tilly, Ghislaine a cessé de payer le loyer. Les huissiers ne devraient pas tarder. Pour éviter que l'immeuble ne soit réquisitionné, l'entrepreneur exilé leur a demandé d'occuper les locaux. Le trio imagine en toute naïveté qu'il s'agit de l'affaire de quelques jours. Comment pourrait-il en être autrement ? Leur bienfaiteur veille au grain. En témoignent ces dizaines d'appels où il leur assure ne pas s'inquiéter pour cette histoire de loyer impayé : ils sont sous la protection d'organes supranationaux. Il leur rappelle aussi que ce confinement est nécessaire à leur survie. Dehors, des francs-maçons les traquent sans répit.

Ghislaine, Philippe et Brigitte décident de s'installer dans deux salles de classe. Ils dorment à même le sol. Il n'y a aucun chauffage. Les soins d'hygiène se limitent au strict minimum : ils se lavent dans les lavabos des toilettes. Les repas se préparent dans la cuisine de la loge du gardien. Aucune sortie n'est tolérée par Tilly, sauf pour aller chercher de quoi se nourrir, au marché. Ils ont interdiction de répondre au téléphone. Les Védrines n'ont plus aucun contact avec le monde extérieur, si ce n'est grâce au téléviseur que Thierry les a autorisés à acheter avec la somme modique qu'il leur a versée à cet effet. La fratrie n'a presque plus un sou en poche : une grande partie de leurs économies ont désormais transité sur les comptes belges et anglais de Thierry Tilly, « bien à l'abri ».

Commencent alors leurs premiers jours de reclus, jours qui s'écoulent, s'étirent, lents, monotones. Ghislaine s'occupe comme elle peut. Elle a entrepris la confection d'une nappe au point de croix. Parfois, maître Vincent David leur rend visite. Étrangement, celui-ci ne s'émeut pas de la situation.

L'avocat est missionné par Tilly pour organiser le divorce de Philippe et Ariane. Il s'entretient aussi avec Ghislaine sur le projet de construction d'immeubles à la montagne, dans lequel Tilly a demandé aux Védrines d'investir. Vincent David est le seul lien des Védrines avec l'extérieur. Bien que sa femme, C., pressentant le pire, lui ait demandé de couper les liens avec Thierry Tilly, l'avocat est encore en charge de certaines de ses affaires.

Tentant de vaincre l'ennui, Ghislaine écoute Radio Classique. Entre deux émissions, elle se remémore parfois avec son frère leurs souvenirs d'enfance.

Désormais leur vie a basculé. Mais en sont-ils seulement conscients ? Peu à peu, insidieusement, une menace sourde a gangrené leur esprit. Alors ils se fient totalement à leur « bienfaiteur ». Lui seul sait…

11

L'homme de l'ombre

Le 12 septembre, Ghislaine reçoit comme d'habitude un appel de Thierry. La veille, les tours jumelles du World Trade Center, à New York, ont été percutées par deux avions détournés par des terroristes islamistes. Au total, deux mille sept cent cinquante-trois personnes périssent dans l'attentat. Guillaume, le fils de Christine et Charles-Henri, terminait sa formation en école de commerce à Marseille et revenait des États-Unis, où il avait effectué son stage de fin d'études.

Or, quelques jours avant son départ, Thierry Tilly lui a changé son billet d'avion. Pour quelle raison ? Nul ne le sait. La famille de Védrines, médusée, apprend par son protecteur qu'il a changé la date de départ à dessein : il savait que l'attentat aurait lieu. Christine n'a plus aucun doute : les hommes de Thierry veillent sur sa famille.

Quinze jours plus tard, Tilly ordonne à Ghislaine de sauter dans le premier Eurostar pour Londres. À ce moment-là, Ghislaine est toujours confinée dans l'école. L'idée de quitter quelques jours cette prison ne lui déplaît pas. Bien sûr, c'est lui qui *paie* le voyage.

Thierry, toujours vêtu de son imperméable Burberry, la retrouve sur les quais de la gare de Waterloo : il a quelqu'un d'important à lui présenter. Un homme « aux responsabilités mondiales » qui a fait « vingt-cinq heures d'avion » pour la rencontrer. Il lui décrit en quelques mots le personnage. Jacques Gonzalez, descendant d'une grande lignée espagnole – les « Gonzalez Santo de la Vega » –, appartiendrait aux services chargés d'assurer la sécurité et l'équilibre du monde. Il dispose d'un pouvoir supérieur à celui des chefs d'État. Il octroie ses services aux familles qui méritent qu'on les aide pour lutter contre toute agression provenant des francs-maçons ou des rosicruciens. Il est également le président de l'association humanitaire Blue Light Foundation, qui s'occupe de la construction d'hôpitaux en Chine, indiquera plus tard Thierry Tilly aux Védrines.

Le rendez-vous est fixé dans un restaurant espagnol cossu. À l'intérieur, Ghislaine aperçoit un individu d'âge mûr au style ostentatoire et clinquant. Dans un autre contexte, elle aurait pu le prendre pour un mafieux aux lunettes polarisées et chronographe Breitling au poignet.

Lors du déjeuner, sous l'œil attentif de Thierry Tilly, Jacques Gonzalez interroge longuement Ghislaine sur sa vie, son parcours, sa famille. Ghislaine le trouve « très humain ». Elle sait que c'est à lui que les siens doivent leur sécurité. Ils évoquent aussi son mari, Jean. Jacques Gonzalez atteste que, si Ghislaine souhaite sauver sa famille, divorcer de Jean est indispensable. Il ajoute que sa sœur, Anne, n'est pas morte d'une maladie grave, mais qu'elle a bien été assassinée par son beau-frère. La maladie n'était qu'un leurre.

Thierry avait donc raison ? Ghislaine est bouleversée. Elle sort du restaurant la gorge serrée. Le regard trouble. Ses jambes vacillent. Un vertige, insoutenable, s'empare d'elle. Thierry semble lui dire quelque chose mais elle n'a plus la force d'écouter. Pourtant, jusqu'alors, dans cette tempête qui n'en finit plus, il était son seul rocher. Désormais, elle est au bord du précipice. Elle le sait, elle le sent. Est-elle sur le point de devenir folle ? Tout ce passé familial n'était-il que mensonges, hypocrisie ? Aurait-elle dû déceler de la duplicité dans les larmes de son beau-frère, à la mort de sa sœur ? Et que penser à présent de tous ces moments heureux passés ensemble ? Ils sont déjà pâles. Lointains. Ils s'estompent. Elle ne veut pas les retenir. La dure réalité s'impose. Ainsi, son beau-frère a tué sa sœur. Ainsi faut-il qu'elle se sépare à jamais de son mari.

En ce début d'automne, Ghislaine, à nouveau claquemurée rue de Lille, reçoit encore des appels de Jean. Mais elle a interdiction de lui répondre. Philippe, sur ordre de Thierry, y veille. Espérant apercevoir sa femme, Jean se rend régulièrement devant l'école et, faute de pouvoir lui parler par téléphone, lui envoie des lettres. C'est par courrier qu'un jour Ghislaine reçoit une demande de divorce. Une procédure purement « technique », selon Jean, qui, face à la faillite de l'école dont sa femme est gestionnaire, craint de perdre leurs propriétés de Fontenay et de Bordeneuve. Lorsque Ghislaine en fait part à Thierry Tilly, l'homme ne manque pas de lui signifier qu'il s'agit là d'un acte initié par « un dangereux pervers ». Son discours ne change pas : si elle devient folle, c'est à cause de Jean. Toutes ces lettres qu'il lui envoie ont un effet néfaste sur sa santé mentale, assure-t-il. L'objectif de Jean est très clair, poursuit Tilly, il veut la faire interner.

Jean et Ghislaine ne fêteront pas ensemble leur vingt-cinquième anniversaire de mariage, qui devait avoir lieu ce 30 octobre. Le journaliste lui envoie malgré tout une énième lettre. Il lui dit qu'il l'aime. Qu'il s'apprêtait à l'emmener en voyage. Mais qu'elle n'est plus là.

Ghislaine en informe Tilly, qui lui répond qu'elle a tort de s'attendrir devant ces mots. Et pour cause :

au moment où ils se parlent, son mari participe à une rencontre échangiste. Il en a la preuve. Ghislaine ne veut pas en savoir davantage. Elle le croit sur parole.

Les écrits de Jean resteront lettre morte.

12

Une secte au château de Martel ?

Ghislaine, Philippe et Brigitte ont fini par quitter l'école de secrétariat à Paris, l'ancienne FemSec. La famille de Védrines se retrouve autour de la matriarche pour fêter Noël 2001 dans le domaine ancestral, le château de Martel. Un lieu « moins exposé à la menace », d'après Tilly.

Guillemette et Sébastien doivent les rejoindre pour le Nouvel An. Les jeunes mariés habitent à présent Nice, où le musicien a obtenu un poste à l'Opéra.

En ce mois de décembre règne à Martel une ambiance de fin du monde. Thierry Tilly est parvenu à persuader Brigitte que son ex-compagnon cherche à la faire interner. Celle-ci est sur le qui-vive, tétanisée à l'idée que celui-ci puisse la faire passer pour une déséquilibrée. Jean de son côté essaie inlassablement de joindre Ghislaine. Qui ne répond jamais. Les seules fois où il entend décrocher le combiné, c'est sa belle-mère, Guillemette, qui raccroche aussitôt.

Le 30 décembre, la jeune Guillemette arrive, seule, à Monflanquin. Sébastien, trop accaparé par son travail, ne l'accompagne pas. Comme chaque matin, Thierry téléphone à Ghislaine. Averti de la venue de Guillemette, il lui recommande de ne surtout pas laisser repartir sa fille à Nice. Elle court un grave danger. Pis : Sébastien, en plus d'être un des complices de Jean, aurait trompé Guillemette avec des prostituées. Horrifiée, Ghislaine fait part de ces révélations à sa fille. La jeune femme a désormais interdiction de répondre aux appels de Sébastien, qui, inévitablement, s'inquiète. C'est sa tante Christine qui se charge, à chaque fois, de raccrocher. Sans autre forme de procès. Les plaintes et les sanglots de Guillemette n'ont aucun effet sur les siens : ils veillent à ce qu'elle ne s'approche pas du téléphone. Au moindre égarement, sa tante, sa grand-mère ou sa mère l'en dissuadent, persuadées que prendre le combiné non seulement la fera souffrir, mais aussi les mettra tous en péril. On lui dit que Sébastien est infidèle, qu'il s'apprêtait à l'abandonner, que c'est un menteur. Que Sébastien est comme son père. La jeune femme a beau rétorquer à Ghislaine que c'est impossible, que son père n'est pas le monstre qu'elle décrit, rien n'y fait. Elle supplie sa mère de se souvenir du père merveilleux que Jean a été pour eux. De la musique qu'il jouait. De la façon dont il les prenait sur ses genoux, avec tendresse. Mais Ghislaine ne veut rien entendre.

Au bout de quelques jours, Guillemette finit par refuser de se nourrir. Elle ne dort plus, son teint est blafard, ses joues se creusent. Ghislaine ne sait plus quoi penser. Voir sa fille souffrir lui est insupportable. Mais la peur que Sébastien, comme Jean, fomente leur assassinat est la plus forte.

Exténuée, à bout de nerfs, Ghislaine n'a plus aucun recul. Elle n'a plus assez de force pour tenir tête à qui que ce soit. Et surtout pas à Tilly. Ses ordres sont devenus parole d'Évangile.

Comme Jean, le talentueux musicien est diabolisé. Apparemment, les « pièces rapportées » qui ne croient pas en sa parole dérangent Thierry Tilly.

Du côté des deux parias – Jean Marchand et Sébastien –, c'est la consternation. Alors que Jean n'avait plus de nouvelles des siens depuis plusieurs mois, il est contacté par son beau-fils, qui lui fait part de son inquiétude : Guillemette n'est toujours pas rentrée à Nice et ne répond plus au téléphone. Le sang du journaliste ne fait qu'un tour. Les attitudes étranges de sa femme ne seraient donc pas un comportement isolé ? Cette rage folle qu'il a aperçue dans ses yeux lors de son bannissement de Bordeneuve ne serait pas le fruit d'une jalousie démesurée, maladive ? D'un trouble psychiatrique ? De problèmes de couples glissés durant trop d'années sous le tapis ? Ainsi sa fille, Guillemette, serait-elle, elle aussi, atteinte des mêmes maux, d'une même dérive psychologique ?

Jean assaille Sébastien de questions. Quels furent les derniers mots de Guillemette ? Comment allait-elle, ces derniers temps ? Avait-elle eu une attitude inhabituelle ? Des propos décalés ? Les deux hommes passent de longues minutes au téléphone à tenter de comprendre, de rationaliser. Lorsque Jean raccroche, l'idée que les siens aient pu tomber dans les griffes d'un gourou lui traverse l'esprit. Et si sa propre famille était devenue une secte ?

Jean tente de se renseigner sur les critères permettant d'établir si une personne a été embrigadée par un gourou. Une recherche rapide lui apprend qu'il est possible de déceler des signaux d'alerte. Parmi eux, la rupture avec son environnement d'origine, la perte d'esprit critique, la soumission absolue à celui qui dirige la secte, l'engagement exclusif pour le groupe, l'acceptation d'exigences financières de plus en plus fortes et durables, l'engagement dans un processus d'endettement, des donations à des personnes physiques ou morales en lien avec le groupe auquel appartient la victime, l'obligation d'acheter ou de vendre certains biens matériels comme condition incontournable d'appartenance au groupe… Les critères défilent sous les yeux ahuris de Jean. Le journaliste ne peut s'empêcher de penser à Thierry Tilly. Pour l'instant, à sa connaissance, il n'est pas question d'argent. Pourtant, un courrier reçu à son domicile aurait dû lui mettre la puce à l'oreille : l'ancienne FemSec a été mise en liquidation.

13

Au nom de la survie du clan

Pendant ce temps-là, à Monflanquin, chacun s'occupe comme il peut. Ghislaine porte la famille sur ses épaules. Elle consacre de nombreuses heures par jour à recouvrir des fauteuils. Elle a toujours été très manuelle. Elle répète aux autres qu'« il faut s'occuper les mains ». Sa mère lui apprend la tapisserie. Ensemble, elles font du tricot, élaborent des patchworks. Tout pourrait porter à croire que, durant cette période, Ghislaine sombre dans la dépression. Malgré sa séparation avec Jean, et ce huis clos familial étouffant, elle apprécie néanmoins ces moments privilégiés avec sa mère. C'est l'occasion d'évoquer le passé. De parler avec elle de ces choses pour lesquelles, avant, elle n'avait pas le temps. Mère et fille se lancent régulièrement dans de longues discussions sur l'Occupation. Guillemette de Védrines ne cesse de répéter à ses enfants, tel un mantra : aujourd'hui, « c'est comme pendant la guerre ». La matriarche leur raconte comment elle a vécu ici, seule, à Martel, durant les trois années où son mari, Jean de Védrines, était retenu prisonnier. Le château était encerclé par les

Allemands. La famine faisait rage : les récoltes étaient collectées par les nazis. Mais Guillemette tenait bon. Elle préparait des confitures. Tricotait pour le garçon de la ferme d'à côté. S'occupait parfois des enfants des fermiers afin que les parents puissent se rendre à la messe le dimanche. Elle partageait avec les villageois les maigres ressources alimentaires qu'elle réussissait à se procurer. À Monflanquin, sa générosité était devenue légendaire.

Ghislaine y songe, parfois, admirative. Cette parenthèse est aussi l'occasion pour la quinquagénaire de redécouvrir les trésors cachés du château. Toujours avec sa mère, elle consacre beaucoup de son temps à trier les placards. Elle s'émeut lorsqu'elle tombe sur tel jeu d'enfance, tel habit de nourrisson. Contre toute attente, Ghislaine, au tempérament si actif, semble apprécier cette parenthèse de temps suspendu.

Elle est chez elle, dans les lieux de son enfance, avec les siens.

« On était chez nous. On vivait en autarcie. Malgré l'absence de grille, personne n'entrait. Tilly l'avait interdit », explique Charles-Henri.

Le gynécologue fait quelques allers-retours entre son domicile bordelais et le château de Martel : en semaine, il travaille à son cabinet. Le week-end, il tond la pelouse, tapisse certaines pièces du château, jardine.

Le clan Védrines vit principalement grâce aux revenus de Charles-Henri, la retraite de Guillemette et les loyers que Christine perçoit : elle a mis en location son petit appartement à Bordeaux, ainsi qu'un autre au Pyla.

Tout cela sous la haute protection de Thierry Tilly. Tant que ses équipes veillent, les Védrines peuvent dormir l'esprit tranquille. Il n'y a qu'à patienter. « Comme en quarante », se répète Ghislaine, qui profite de son temps libre pour parfaire son dossier de divorce. À ses côtés, sa fille Guillemette broie du noir. En mars 2002, soit environ six mois après leur mariage, le jour de ses vingt-cinq ans, la jeune femme recevra une demande de divorce.

Pour les autres habitants du château, le quotidien s'étire aussi avec lenteur. À la demande de Tilly, Christine tient un journal. Elle rédige tout sur un ordinateur et a l'ordre de lui envoyer ses écrits, par mail. Le reste du temps, « je faisais tourner la maison », se souvient-elle. « On arrivait à avoir un peu d'intimité à Martel, chacun pouvait se retrancher dans ses appartements… » Parfois elle s'interroge sur la situation, sur leur vie hors cadre. Mais par crainte d'être bannie par les siens, à l'instar de Jean Marchand, elle garde ses doutes pour elle. Surtout, elle veut rester auprès de son mari et de ses enfants.

Son fils Amaury, vingt et un ans, joue fréquemment au football dans le domaine avec son cousin François, quand tous deux ne regardent pas la télévision. Amaury fonde beaucoup d'espoirs en Tilly. Ses difficultés scolaires et ses journées à fumer du cannabis lui semblent loin désormais. Il se sent privilégié qu'un être aussi brillant et occupé que Tilly se montre concerné par son sort. Enfin, quelqu'un l'écoute. Enfin, quelqu'un le prend en considération.

De son côté, François, comme sa mère Ghislaine, goûte aux travaux manuels. L'ancien élève profite de ces journées d'oisiveté pour bricoler des objets en bois : une corbeille à papier, un rangement pour les aiguilles à tricoter de sa mère… À l'instar de ses cousins, il est persuadé qu'un avenir professionnel brillant s'ouvre devant lui. Thierry Tilly leur en a fait la promesse : le moment venu, il n'aura qu'à claquer des doigts pour leur obtenir des postes de choix.

Hormis ces moments de désœuvrement, ce huis clos familial est savamment orchestré par Thierry Tilly.

Ainsi Ghislaine est-elle chargée d'aller chercher des provisions pour le clan. Il n'y a pas de jour dédié aux courses, celles-ci se font au gré des volontés de Tilly. Ghislaine ne peut sortir du domaine qu'à des heures validées au préalable par son bienfaiteur. Des créneaux qui correspondent à des plages horaires durant lesquelles les équipes de Tilly sont mobilisées pour garantir sa sécurité en contrôlant le périmètre entre le château de Martel et le Leclerc de Monflanquin. Il faut faire vite : le temps de Ghislaine est compté. Ses gardes du corps ont un prix.

Une fois par semaine, le protecteur des Védrines appelle donc Ghislaine pour lui donner le signal : tout est sous contrôle, elle peut y aller. Leurs échanges se font par le biais du téléphone portable. Tilly la prévient qu'un taxi l'attend dans la cour. Le chauffeur est une femme. Toujours la même. Ghislaine et elle n'ont que de brefs échanges, qui se limitent à l'essentiel. Dans son sac à main, Ghislaine garde précieusement les 100 euros hebdomadaires que Tilly lui verse pour les commissions.

Dans la voiture, la mère de famille n'a pas peur. Elle sait que les équipes de Tilly veillent sur elle. Sereine, elle contemple le paysage qui défile derrière la vitre. Un moment de répit avant l'angoisse des rayons du magasin : une fois sur place, elle doit rester en contact permanent avec Tilly et lui décrire tout ce qu'elle voit. La moindre personne, le moindre geste qui lui paraît suspect, elle doit lui en rendre compte.

Un jour, alors qu'elle s'apprête à régler ses achats, Ghislaine rapporte à Tilly qu'un individu juste devant elle parle au téléphone. Manquant de s'étrangler, Thierry la somme de quitter les lieux. La raison ? L'homme devant la caisse est en train d'appeler Jean, il fait partie de son réseau, de ceux qui cherchent à exterminer les Védrines.

Ghislaine abandonne ses courses et s'enfuit en courant devant les caissières et clients médusés.

De temps à autre, Ghislaine se rend dans l'hypermarché en compagnie de sa fille Guillemette, ou sa nièce Diane, quand elle est là. En semaine, la jeune fille de seize ans vit en internat, à la demande de Tilly. Ce placement, selon lui, était indispensable. « D'après Tilly, il fallait absolument que ma fille quitte Bordeaux car des hommes projetaient de la violer, d'organiser des tournantes », se rappelle Christine. Alors l'adolescente ne voit sa famille que les week-ends. La semaine, elle loge donc à l'internat du lycée privé de l'Union-Chrétienne de Saint-Chaumond, près de Poitiers. Arrachée à sa famille, sa vie d'adolescente a basculé du jour au lendemain. Toutefois, si elle est loin des siens, elle l'est également du climat délétère de Martel. À l'Union-Chrétienne, elle pique-nique dans les jardins au bord du Clain, prépare les crêpes pour la Chandeleur, prie tous les soirs. Elle y mène une vie bien réglée et studieuse.

Guillaume, le frère de Diane et d'Amaury, effectue lui aussi plusieurs allers-retours entre la maison familiale et l'Angleterre. Parfois, il se rend même aux États-Unis, « en mission » pour Tilly. De sorte qu'on ne sait plus très bien qui est là et quand, à Monflanquin.

À distance, Thierry Tilly manipule le temps à sa guise : lui seul produit du rythme dans leur vie quotidienne, une illusion de mouvement. Les reclus perdent leurs marques. Insidieusement, l'homme providentiel tisse sa toile, disséminant volontairement la famille. Il s'ingénie à brouiller les repères de l'espace et du temps de ses « protégés ». Il les sépare dans différents lieux. De courts séjours – toujours –, en Savoie, au Royaume-Uni, et même aux États-Unis. Cela trouble davantage leur notion du temps : impossible de raccrocher une époque à un lieu précis et vice versa. Tout devient flou pour les Védrines.

La stratégie de Thierry Tilly est claire : il divise pour mieux régner. Il entretient avec chacun un lien de confiance, au fil de révélations inédites. À tous il donne une importance et un rôle privilégiés. Il use de sa force de persuasion, de son autorité, pour instiller, lentement mais sûrement, en chacun d'eux, son emprise.

Lorsque Diane et Guillemette peuvent se joindre à Ghislaine pour la sortie hebdomadaire à l'hypermarché, les deux jeunes filles remplissent le Caddie. Parfois, Ghislaine, à regret, leur demande de remettre certaines de leurs trouvailles sur le comptoir : ils n'ont pas les moyens. Les filles ne bronchent pas. Elles sélectionnent des produits de base : œufs, huile, riz. Elles font l'impasse sur la viande. Elles mijotent des plats végétariens, des soupes, des gâteaux, cuisent leur propre pain. Chaque repas est l'occasion de se réunir. Les reclus s'efforcent d'être présentables, de garder un certain rythme. Chez les Védrines, malgré « la guerre » qui fait rage à l'extérieur, le dîner en famille reste un moment sacré. Des repas quelquefois ponctués de tensions, poussant parfois les plus jeunes à claquer la porte pour aller s'enfermer dans leur chambre. De temps à autre, histoire de se divertir un peu, les Védrines se retrouvent devant le petit écran pour regarder la *Star Academy* sur TF1. Ces moments d'accalmie sont jalonnés de coups de pression. Car, régulièrement, Tilly lance des opérations spéciales. Sans explication aucune. Toutes plus saugrenues les unes que les autres.

Depuis l'Angleterre, il leur ordonne parfois de laver les murs, sol, placards, tableaux. C'est l'opération « nettoyage de la maisonnée ».

Les appels de Thierry Tilly sont incessants. Parfois, il raccroche sans autre forme de procès, prétextant une urgence et prévenant les Védrines : « C'est moi seul qui vous rappelle. » Il met parfois trois jours à rappeler. Trois jours d'angoisse.

Il y a aussi l'opération « volets clos », lourde de menaces.

Comme d'habitude, tout s'exécute dans l'urgence. Les Védrines doivent immédiatement fermer leurs fenêtres : Tilly a été prévenu par ses équipes, la menace de mort s'est intensifiée. Des agents de Jean rôdent dans les bois du château et se tiennent prêts à les éliminer, les uns après les autres. Il répète qu'« il va y avoir de la viande froide » s'ils ne suivent pas ses ordres. Ces jours-là, Martel est plongé dans le noir et le silence.

14

La peur au corps

En mars 2002, Thierry Tilly présente plus en détail à Ghislaine un de ses projets. Son père et lui ont investi dans la construction d'une résidence de quatre immeubles à la montagne. Il lui en avait déjà vaguement parlé, quelques années plus tôt. Les bâtiments sont situés dans la station de ski Albiez-Montrond, à mille cinq cents mètres d'altitude, non loin de Saint-Jean-de-Maurienne. Tilly demande à Ghislaine de s'y rendre, afin de surveiller les travaux en cours. Lui n'a pas le temps, bien entendu. Lorsque ceux-ci seront terminés, ces immeubles appartiendront aux Védrines, explique Thierry. C'est la raison pour laquelle il insiste pour que chaque Védrines investisse dans ce projet immobilier et que Ghislaine devienne officiellement la gérante de la SCI.

Sur place, Ghislaine, surprise, réalise le fiasco de l'opération : si deux immeubles sont déjà construits et si les fondations du troisième sont en cours, les travaux semblent s'être arrêtés. Et, lorsque Ghislaine contacte les entreprises de construction, on lui répond que les ouvriers reprendront leur travail lorsque monsieur Tilly leur aura payé ses dettes. Cela a le don d'amuser Ghislaine : les pauvres, ils ne savent pas à qui ils ont affaire ! Il doit s'agir d'une erreur.

Lorsqu'elle rentre à Monflanquin, Thierry Tilly continue de marteler à Ghislaine que son mari s'adonne à « des nuits d'orgie », qu'il prépare sans relâche « des coups » pour les « détruire », elle et ses enfants. Malgré cela, Ghislaine n'en démord pas : elle veut retrouver Jean. Si elle ne doute pas de la véracité des propos de Tilly, elle se sent tiraillée entre cœur et raison : elle a gardé un fort attachement pour son mari. Elle aimerait le revoir. Agacé, Thierry finit par lui faire cette annonce : « Jean a payé des Asiatiques pour vous abattre. »

À cette nouvelle s'ajoute une autre révélation, qui accentue la peur de l'ancienne directrice. Qui concerne cette fois son frère Charles-Henri : avec l'aide des francs-maçons, Jean serait en train de préparer des dossiers remettant en cause le professionnalisme du gynécologue. Ces dossiers énuméreraient un certain nombre d'erreurs médicales. L'associé de Charles-Henri serait impliqué : c'est lui qui aviserait Jean des allées et venues de Charles-Henri et lui transmettrait toutes ces informations.

Face à cette situation « d'extrême urgence », Tilly commande à Charles-Henri de disparaître : en quelques heures, il doit vider complètement son cabinet, retirer sa plaque et s'enfuir comme un voleur. Pour cela, il sera aidé de son fils aîné Guillaume, chargé d'assurer les déplacements. Ghislaine fait aussi partie de l'expédition. Tout doit être exécuté le plus vite possible. Charles-Henri connaît bien le chemin : avant *l'ère* Tilly, en semaine, il résidait habituellement à Bordeaux, dans leur maison de Caudéran, et rentrait chaque week-end au château de Martel.

Tout le temps du trajet, Guillaume garde le pied enfoncé sur la pédale de l'accélérateur du spacieux break Mercedes. Il faut compter deux heures de route pour se rendre de Monflanquin au cabinet bordelais de Charles-Henri. Chaque quart d'heure, Tilly appelle Ghislaine pour savoir comment se déroule l'opération. Tout doit être réalisé en un seul aller-retour : les équipes de Tilly ne peuvent pas sécuriser le périmètre plus longtemps. Il ne cesse de leur répéter que les agents de Jean sont sur le coup, qu'à tout moment ils peuvent intervenir. La pression est à son comble. L'ennemi peut se cacher n'importe où. Les réseaux de Jean ont peut-être piégé la voiture ? C'est peut-être la fin. La voiture va exploser et ils vont tous mourir. C'est sûr. Ghislaine est dans un état second. Tout se floute dans son regard. Elle ne pense qu'à une chose : que cette mission prenne fin. Rentrer à Martel.

Une fois sur place, il faut redoubler de vigilance. Les hommes de Jean Marchand peuvent surgir de n'importe où. Peut-être leur ont-ils tendu un piège ? Peut-être les guettent-ils de pied ferme au cabinet de Charles-Henri ? Malgré tous ces questionnements, Ghislaine a confiance en Thierry. Ses équipes sont assurément mieux formées que celles de son mari. Dans le cabinet de gynécologie, le trio réussit à rassembler les effets personnels et dossiers de Charles-Henri en moins d'une heure. Le chemin du retour est moins angoissant : le plus dur est fait.

Le gynécologue est désormais sain et sauf. Au petit matin, la famille peut enfin souffler : le crissement des graviers sous les roues de la voiture sonne la fin d'un terrible calvaire. Les Védrines sont de retour à Martel, l'unique endroit au monde où ils sont en sécurité, songe alors Ghislaine. En accueillant son mari, Christine voit un homme à bout de souffle, exténué, brisé. Alors qu'elle l'interroge sur ce qui se passe, il lui répond qu'il ne peut malheureusement plus exercer son métier.

Lorsque le lendemain matin, à Bordeaux, la femme de ménage découvre le bureau du gynécologue vide, elle appelle immédiatement l'un des confrères de Charles-Henri. Affolée, elle lui explique que le cabinet a été cambriolé. Que la plaque de monsieur de Védrines a disparu. Qu'il n'y a plus rien dans le bureau. C'est l'incompréhension. D'abord, le collègue s'inquiète. Puis il constate que Charles-Henri a allégé les comptes de leur cabinet de 50 000 francs (soit l'équivalent d'environ 7 600 euros en 2002). La somme a été envoyée sur un compte de la Westminster Bank. Le confrère se sent trahi.

Les Védrines ne le savent pas encore, mais le Noël de l'année 2002 est le dernier qu'ils partageront dans la demeure familiale. Concernant les sommes d'argent que Tilly leur soutire régulièrement, ils espèrent simplement qu'elles leur reviendront une fois la « guerre » terminée.

Les Védrines sont exténués. Il n'y a que Guillemette pour tenter de garder le navire à flot. Faisant sans cesse référence à la guerre et à la Libération, elle leur répète, les yeux pétillants d'espoir, que le bout du tunnel est proche. Que les jours heureux reviendront.

15

Sous la menace grandissante des francs-maçons

Dans le petit village de Monflanquin, c'est la consternation. Les voisins des Védrines ne comprennent pas : pourquoi ces gens, si éduqués, si raffinés, se sont-ils claquemurés dans leur demeure, et ce depuis plusieurs mois ? Que se trame-t-il derrière les murs épais du château de Martel ?

Caché dans un écrin de verdure, jalonné de bois et de terres agricoles, le château domine avec fierté la vallée de la Lède. Construite au XVIIe siècle, l'austère bâtisse en pierres grises et aux volets rouge sang renferme près de quatre cents ans d'histoire familiale. Le rez-de-chaussée s'ouvre sur une grande entrée, un petit et un grand salon, une immense salle à manger, une bibliothèque, une salle de billard, une chambre spacieuse mitoyenne avec une salle de bains où trône une imposante baignoire dotée de robinets en cuivre représentant des têtes de cygnes, puis une cuisine et une lingerie. Au premier étage, cinq chambres pourvues de cabinets de toilette. Au grenier, deux chambres de bonnes. Au total, neuf cents mètres carrés habitables.

Avec son unique tourelle, le château de Martel a des airs de gentilhommière. Le jardin à l'anglaise qui entoure cette grosse demeure bourgeoise est pourvu d'un petit étang. En face, un bâtiment avec des arcades : il s'agit des écuries et du chai du château. Un peu plus loin, on aperçoit des bâtiments de ferme, avec un four à pain et une grange jadis réservée au troupeau de vaches.

Dans les environs, certains racontent que les Védrines seraient devenus fous. D'autres rétorquent qu'ils sont manipulés par celui qui rôde depuis des mois dans leur cercle. Un certain Thierry Tilly. Circulent des mots, des expressions, « emprise », « aliénation mentale »... Sans vraiment savoir ce qui se cache derrière ces termes opaques.

Certains murmurent des termes plus précis, « secte », « gourou », « paranoïa »... Mais les Monflanquinois ont du mal à y croire : tout le monde connaît les Védrines. Ils font partie des grandes familles de la région. Ce sont des gens charmants. Les plus anciens habitants du village se rappellent la générosité de la matriarche. Et puis le pays leur doit une petite renommée grâce au festival Musique en Guyenne. Impossible que les membres de cette famille, sains d'esprit, bien insérés, aient pu tomber entre les mains d'un charlatan. Ce n'est tout simplement pas concevable.

Et pourtant, ce Thierry Tilly est suspect. Il intrigue. Si les Védrines l'ont intégré dans leur cercle d'intimes, ils doivent avoir leurs – bonnes – raisons, car il est rare d'être admis aussi rapidement dans la haute société protestante bordelaise. Mais qu'est-ce qui pourrait bien lier les Védrines à cet homme venu de nulle part ?

Si les rumeurs vont bon train, personne n'ose vraiment s'approcher du château de Martel. Se donnant bonne conscience, certains estiment que cela ne les concerne pas.

La première à s'alarmer est Marie-Hélène, l'une des amies d'enfance de Christine de Védrines. Elles s'étaient rencontrées lorsqu'elles venaient d'avoir treize ans, au collège. Marie-Hélène, issue d'une famille nombreuse, débarquait d'Algérie. Les deux jeunes filles s'étaient tout de suite plu. Ensemble, elles ont dansé sur les chansons des Shadows et de Françoise Hardy. Depuis, elles ne s'étaient plus quittées. Quarante ans d'amitié.

Marie-Hélène connaît bien Christine : elle ne comprend pas pourquoi, tout à coup, celle-ci s'est faite plus distante. Certes, elle a entendu les rumeurs sur une prétendue secte. Est-ce possible ? Pourtant, les sectes existent, même en Lot-et-Garonne. Comment ne pas penser à ce procès au tribunal correctionnel d'Agen qui, en mai 1990, s'est soldé par la condamnation pour escroquerie de deux faux prêtres et de deux faux évêques de la communauté traditionaliste du Fréchou ? L'affaire a éclaté lorsqu'un fidèle a porté plainte. Le plaignant n'était pas n'importe qui : un juriste. Un homme, en somme, éduqué. Comme les Védrines.

Au début, Christine a commencé à repousser leurs déjeuners. Avec, toujours, une bonne raison : la propriété à entretenir, les enfants, etc. Marie-Hélène s'est étonnée de ces annulations à répétition. Puis son amie a cessé de répondre à ses appels téléphoniques.

Des cousins de Christine se sont également inquiétés de son attitude fuyante lors de leurs dernières entrevues, ainsi que d'une lettre de Christine leur faisant part de sa volonté de couper les ponts avec eux.

Quant à Philippe de Védrines, il s'est retranché chez lui, à Talade, à six kilomètres de Martel. Il vit tel un ermite, à l'écart du monde. Il a installé des caméras autour de sa ferme. Répondant aux directives de Tilly, il s'est barricadé. Lui, le grand monsieur aux cheveux grisonnants, aux airs de gentil géant, ce robuste gaillard qui donne le sentiment d'une parfaite constance. Et qui en impose. Depuis qu'il a disparu du paysage, sa fille L. a l'impression de faire le deuil d'une personne pourtant bien vivante. Au procès, la jeune femme âgée de trente-cinq ans déclarera avoir vu son père « changer du jour au lendemain », ajoutant : « Il était méfiant, nerveux, à l'affût de tout. Une fourchette qui disparaissait, une boîte en porcelaine qui changeait de place au gré des visites, tout était interprété comme des avertissements. Mon père me disait que Thierry Tilly détenait les listes des francs-maçons qui nous en voulaient. Tilly était devenu leur maître à penser. » En témoigne ce fax que L. reçoit le 13 mars 2002. Philippe l'accuse de « déstabiliser » sa vie. Il déclare trouver « odieuse, honteuse et ridicule » leur prise de contact avec l'ADFI. « Ma vie serait-elle en danger ? [...] Qui se permet de dire de telles sornettes ? Qui a donc intérêt à manœuvrer de la sorte ? » écrit-il.

L'un des frères de L., Étienne, a également remarqué des changements de comportement chez son père. À la Toussaint de l'an 2000, il découvre que ce dernier possède un nouveau portable. Celui-ci refuse de lui en donner le numéro. En juillet 2002, alors qu'Étienne décide de rendre visite aux siens, il est brutalement accueilli par ses cousins et par sa grand-mère Guillemette, qui le traite de « monstre ». « Ce n'était pas ma famille, je ne les reconnaissais plus », se rappelle Étienne. Il réussit malgré tout à s'entretenir avec son père et lui révèle que Tilly est un escroc, que ses dix entreprises sont en liquidation judiciaire. Il tente de raisonner son père, mais Philippe rejette tout en bloc, affirmant que tout cela n'est que mensonge, que l'homme a mille qualités. Les voix de Philippe et Étienne s'élèvent. La doyenne finit par congédier son petit-fils avec ces mots : « Cesse d'embêter ton père, sors d'ici ! »

Le dernier fils, Frédéric, est tout aussi inquiet. Il a vu, de jour en jour, son père devenir anormalement nerveux. Il lui répétait sans cesse qu'il attendait une « descente de la police des mœurs ». Ces changements l'avaient frappé dès le mariage de sa cousine Guillemette, où, selon lui, « tout sonnait faux ». Marqué par l'accueil glacial que lui avait réservé sa tante Ghislaine, il se demandait pourquoi son père, lors de ces festivités familiales, avait refusé de l'accueillir chez lui. Il ne le reverra que huit ans plus tard.

Ariane, l'épouse (encore officielle) de Philippe, s'alarme de son côté de voir toutes leurs économies disparaître vers des comptes à l'étranger. Elle déposera plainte contre son mari le 15 février 2005, pour « organisation frauduleuse d'insolvabilité ». « C'est la seule action en justice que nous avons pu faire en tant que proches des victimes », rapporte Étienne, qui explique avoir agi sur les conseils de la brigade financière. « La brigade nous avait alors indiqué qu'ils n'avaient jamais vu des montages financiers aussi judicieux. »

Comment pourraient-ils tous deviner que les Védrines vivent constamment dans la peur ? Qu'ils sont persuadés qu'un contrat a été mis sur leurs têtes ? Que les francs-maçons fomentent un complot contre eux ? Qu'un détail, même insignifiant, dans leur quotidien peut conforter leur paranoïa ?

Les Védrines ne sortent plus. Sauf pour les courses.

Des voisins viennent aussi apporter des denrées alimentaires devant leur porte. Mais Thierry Tilly interdit aux Védrines d'y toucher : il s'agit de produits empoisonnés. Sans regret, ils jettent donc systématiquement ces dons à la poubelle. La famille se renferme encore davantage. Visites, lettres, appels, provisions leur sont défendus. La prise de risque est trop dangereuse…

Un matin d'hiver, des gendarmes font irruption à Martel. Les militaires frappent avec fermeté à l'un des carreaux de la fenêtre. Accueillis par Ghislaine, ils entrent d'un pas alerte dans la salle à manger. Ils informent la maîtresse des lieux que des proches de sa belle-sœur Christine se disent inquiets de leur silence. Avec une certaine réserve, l'un des gendarmes va jusqu'à prononcer le mot « secte ». Ghislaine leur affirme que tout va bien. Elle se montre si convaincante que, rassurés, les gendarmes repartent, tout soupçon balayé.

« Martel » est donc peu à peu devenu synonyme de lieu maudit. Lorsque le promeneur solitaire s'aventure dans les environs, un malaise l'assaillit : la vision de ce grand château aux volets fermés, ses habitants claquemurés… Dans les alentours, c'est à peine si on n'évoque pas un acte de sorcellerie. La situation est incompréhensible et, de manière très insidieuse, l'irrationnel s'immisce. Chacun y va de son explication. Pour autant, personne n'ose désormais s'approcher du domaine.

Seule une femme a ce courage. Elle s'appelle Marie-Laure. C'est une intime de longue date des Marchand et une amie d'enfance de Ghislaine. Leurs parents étaient proches ; la famille de Marie-Laure possédait, elle aussi, une maison dans le Lot-et-Garonne.

Le 4 janvier 2002, déterminée à comprendre, Marie-Laure téléphone à Ghislaine. Elle a été alertée par Jean de l'attitude préoccupante de son épouse. Marie-Laure veut bien le croire : lorsqu'elle a, à plusieurs reprises, tenté de joindre son amie, celle-ci n'a pas décroché. Après moult sonneries dans le vide, une voix a fini par répondre. Ghislaine, enfin. Au fil de la discussion, Marie-Laure a essayé de la persuader de se défaire de ce Thierry Tilly, qui ne semble pas être pourvu de bonnes intentions à son égard. En vain. Très vite, Ghislaine a coupé court à la conversation.

Alors Marie-Laure a décidé de se rendre à Martel. Cela fait à présent quatre mois que Ghislaine a cessé toute communication avec son mari. Marie-Laure veut en avoir le cœur net. Elle veut comprendre ce qui se passe derrière les murs gris du château.

Lorsqu'elle arrive dans la cour du domaine, il fait déjà nuit noire. Le château n'est pas éclairé. Les lieux semblent déserts, silencieux. Mais il en faut davantage pour arrêter Marie-Laure. Elle appuie sur la sonnette. Pas de réponse. Elle sonne encore. Marie-Laure insiste. Sans succès. Alors qu'elle est sur le point de partir, une petite lumière s'allume dans le vestibule. Elle ne sait pas que, depuis quelques jours, lumières, téléphones, montres, pendules, calendriers sont bannis par Tilly. Les reclus n'ont plus aucun repère temporel, si ce n'est l'arbre de Noël, orné de ses guirlandes clignotantes.

Dans le vestibule, ils scrutent la visiteuse à travers les deux grands vantaux. La matriarche entrouvre finalement la porte boisée. Suffisamment pour sommer Marie-Laure de ficher le camp. Avant de refermer la lourde entrée sur leurs ténèbres.

16

Crainte d'un suicide collectif

Dehors, les proches des Védrines veulent agir. Ils sollicitent de l'aide. L'amie de Christine, Marie-Hélène, écrit au procureur d'Agen. Elle embauche aussi un détective privé et lance en parallèle une « recherche dans l'intérêt des familles » (RIF)[1]. Les enfants de Philippe, hors du joug de Thierry Tilly, contactent de leur côté une association pour la défense de la famille et de l'individu du Lot-et-Garonne. Jean Marchand, lui, a déjà déposé de nombreuses plaintes, dont une pour « séquestration », et une pour « abus de bien social ». Mais rien n'y fait. Le procureur est formel : aucune action en justice n'est possible face à des adultes sains d'esprit qui ont décidé de se claquemurer chez eux.

Au village de Monflanquin, la rumeur d'un étrange huis clos familial bruisse de plus en plus, ouvrant une brèche : la presse va s'intéresser au cas des Védrines grâce

1. Procédure instaurée avant la Première Guerre mondiale et qui permettait de savoir si une personne majeure disparue était toujours vivante. Elle a été abrogée en 2013.

à Jean Marchand, le seul à n'avoir pas capitulé. Depuis qu'il a été chassé de sa propre maison, il se lève tous les matins dans une immense solitude. S'il est entouré de ses parents et d'amis, ces derniers ne semblent pas cerner l'ampleur et la gravité de la situation. On lui répète que cela va passer, que la vie de couple n'est pas un long fleuve tranquille, que ce n'est qu'une épreuve de plus à traverser. Jean acquiesce, docile. Pourtant, il a la conviction qu'un drame plus terrible est en train de se jouer. Et pour cause, le journaliste a tenté, à plusieurs reprises, de faire revenir les siens à la raison. Or ses approches se sont toutes soldées par des échecs : son épouse le rejette sans cesse. Isolé, Jean ne dort plus. Durant ses longues insomnies, il retourne la situation dans tous les sens. Il revoit son expulsion de sa maison de Bordeneuve. Le dernier festival de Musique en Guyenne. Le mariage de sa fille, Guillemette.

À quel moment tout a basculé ? Comment a-t-il pu devenir, du jour au lendemain, un paria ?

Jean se résigne alors à employer les grands moyens. Il n'y a plus qu'une seule solution pour tenter de sauver sa famille : alerter la presse.

Seul, il n'a aucune chance. Alors il contacte un journaliste qui vient de prendre la direction du journal *Sud Ouest* (édition de la Gironde), Dominique de Laâge. Depuis presque vingt ans, celui-ci écrit pour le quotidien régional. Il a commencé sa carrière dans les années 80, à la rubrique des faits divers. Il a ensuite été chargé de suivre les rebondissements de la politique locale avant de rejoindre, en qualité de grand reporter, l'édition de *Sud Ouest Dimanche*. Lorsque Jean Marchand lui écrit, Dominique de Laâge vient d'être nommé à la tête de la rédaction de Bordeaux. Il est réputé pour sa « curiosité de cœur », et Jean n'a aucun doute sur le fait qu'il saura l'aider à médiatiser son histoire.

Le 25 septembre 2003, *Sud Ouest* publie l'enquête de Dominique de Laâge, « Huis clos mystérieux au château de Martel ». Aussitôt, comme une traînée de poudre, la presse écrite s'empare du sujet. *Le Figaro, Le Monde, Libération, L'Express, Le Parisien… Paris Match* consacre un dossier de quatre pages aux « séquestrés volontaires de Monflanquin ». Puis c'est au tour de la télévision : le 24 décembre 2003, le 20 heures de TF1 s'ouvre avec l'affaire des « reclus de Monflanquin ». L'opinion publique s'émeut de l'apparition d'une nouvelle secte en France. Les autres chaînes prennent le train en marche : M6, Canal + et France 2.

Les « reclus » découvrent l'article de *Sud Ouest* grâce aux gendarmes de Monflanquin, qui se rendent à nouveau au château en septembre, le quotidien sous le bras. Lorsque les Védrines déchiffrent les mots « secte » et « emprise », contre toute attente, ils sourient. Cela leur paraît tellement éloigné de ce qu'ils pensent vivre. L'article évoque aussi les nombreuses condamnations pour « usage de faux » et « escroquerie » dont Tilly a fait l'objet. Pour autant, ces révélations laissent de marbre les Védrines : ils en sont persuadés, ces condamnations ont été fabriquées de toutes pièces par des instances supranationales afin de fournir à l'agent secret une couverture. C'est évident. Un paragraphe en particulier amuse les Védrines :

« Personne ne comprend comment cet homme (Thierry T.), entré en contact avec Ghislaine Marchand en 1999, aura pu prendre au piège les Védrines. S'il s'agit bien de cela. Avant de se retirer du monde, tous auront exprimé "se sentir en danger de mort" et leur soulagement de se savoir heureusement "protégés par Thierry".

Leurs "ennemis" désignés ? Les francs-maçons et les Rose-Croix. Autant d'ordres secrets (par ailleurs souvent confondus) qui, à l'aube du XXIe siècle, ont pu être désignés comme "sectes"[1]. »

Un amalgame fâcheux ?

1. Article de Dominique de Laâge, *Sud Ouest*, le 25 septembre 2003.

17

Une histoire de sectes en France

Ce n'est véritablement que dans les années 90 que la question des sectes intéresse le gouvernement français. Comme l'explique le spécialiste en sociologie politique Étienne Ollion dans son livre *Raison d'État. Histoire de la lutte contre les sectes en France*[1], à cette époque, la France se montre attentive au phénomène sectaire et entreprend de le combattre avec fermeté. La chose est préoccupante : des groupuscules ont commencé à fleurir dans l'Hexagone dès les années 70, à l'instar de l'Église de la Scientologie ou des Enfants de Dieu. D'après le sociologue, cette surveillance accrue est liée à la volonté de l'État d'intervenir là où des groupuscules contredisent les normes établies dans certains domaines tels que la médecine ou l'éducation. Autrement dit, le problème des sectes devient politique.

La première association officielle visant à lutter contre les sectes est créée en 1974 à Rennes. Il s'agit de l'ADFI

1. *Raison d'État. Histoire de la lutte contre les sectes en France*, Étienne Ollion, La Découverte, 2017.

(Association de défense des familles et de l'individu). À l'initiative de l'organisme, un couple, Guy et Claire Champollion, dont l'un des fils a été enrôlé à Lyon en seulement quelques jours par l'Association pour l'unification du christianisme mondial (AUCM), plus connue sous le nom « Moon ». Son fondateur est un Nord-Coréen qui s'est attribué le titre de « révérend Sun Myung Moon ». Il prétend avoir vu le Christ alors qu'il avait quinze ans, et s'est donné pour mission de mener à bien ce que Jésus-Christ, selon lui, n'avait pu terminer. Il crée en 1954 l'organisation religieuse l'Église de l'unification, en Corée du Sud. Dès lors, la doctrine de l'organisation se répand rapidement à travers le monde.

Le jeune fils Champollion reviendra brièvement chez lui à Rennes pour faire ses adieux à sa mère. Elle ne le reverra jamais. Ses parents sont démunis, impuissants : leur enfant est majeur, comme la loi l'a décrété depuis le 5 juillet 1974.

Quelque temps plus tard, des antennes ADFI vont s'implanter à Paris, Lyon, Lille et Bordeaux. L'association va attirer de nombreux parents confrontés au même drame : leur enfant, embrigadé dans une secte, n'a plus aucun libre arbitre.

Au départ, les sectes ne sont considérées que comme un énième mouvement émanant des événements de Mai 68. On ne fait guère de différence entre sectes et hippies : c'est une façon d'être au monde comme une autre. « En France, la secte Moon a connu son heure de gloire dans les années 1970 et 1980. La secte recrutait des étudiants un peu perdus après 1968, à la recherche de nouvelles formes de spiritualité. Le mélange entre l'orientalisme, très en vogue à cette époque, et la philosophie chrétienne revisitée a séduit un grand nombre de jeunes », explique Catherine Picard, ancienne présidente de l'UNADFI[1].

En 1983, le député Alain Vivien remet au Premier ministre Pierre Mauroy un rapport, « Les sectes en France. Expression de la liberté morale ou facteurs de manipulation ? ». Le 25 février de cette même année, *L'Express* publie l'article suivant :

« Trois mille pages de documentation au fond des tiroirs du député et un rapport de deux cents pages remis, lundi 21 février, à Pierre Mauroy. Un travail inhabituel dans le cadre parlementaire, où l'on traite plus volontiers de l'avenir de la forêt française ou des relations franco-soviétiques que du symptôme d'une maladie de société qu'on évalue mal, mais qui tourne parfois au drame. [...] Le rapport Vivien, pourtant, donne des

1. L'Union nationale des associations de défense des familles et de l'individu victimes de sectes coordonne aujourd'hui toutes les ADFI régionales (texte publié le 22 août 2014).

chiffres étonnants : de cent trente à huit cents sectes plus ou moins actives fleuriraient en France, surtout à Paris et à Lyon, mais aussi dans l'Est, rassemblant de quatre cent mille à cinq cent mille sympathisants et quelques dizaines de milliers d'adeptes. On y trouve, pêle-mêle, les Témoins de Jéhovah, les mormons, les Rose-Croix et ces mouvements dont la plupart émanent des États-Unis au début des années 70 : Enfants de Dieu, Conscience de Krishna, Scientologie, Méditation transcendantale, moonisme. Ce sont ces derniers groupes qui, en Allemagne fédérale, en France et aux États-Unis, ont attiré l'attention des pouvoirs publics, à cause de leurs pratiques singulières. Les Krishna pour détention d'armes, aux États-Unis et en Allemagne fédérale. […] C'est à partir de ces exemples qu'Alain Vivien propose au gouvernement un plan "propre à garantir la liberté d'association au sein des sectes, tout en préservant les libertés fondamentales de l'individu". […] Mais aussi [pour] qu'on prévienne une évolution à l'américaine, où les enlèvements d'adeptes par leurs parents ont donné naissance aux nouveaux exorcistes : ces "déprogrammeurs" qui font payer cher leurs services tout en mettant en péril – autant que les sectes – la liberté individuelle. »

Une dizaine de groupes présentant un danger, soit en raison de leur idéologie politique et de leur empire financier, « soit parce qu'ils isolent leurs adhérents et les encadrent au sein d'une structure rigide[1] », sont listés dans ce rapport.

Toutefois, ce même rapport n'a pas empêché que le pire se produise sur le territoire français. Le 25 décembre 1995 à Saint-Pierre-de-Chérennes, petit village d'environ trois cents âmes dans le massif du Vercors, un fait divers glaçant frappe cette commune sans histoires. Seize corps disposés en étoile sont retrouvés entièrement carbonisés dans la forêt des Coulmes. Treize adultes, trois enfants. Les victimes faisaient partie de la secte de l'Ordre du Temple solaire. Il s'agit du premier « suicide collectif » d'un groupe à caractère sectaire en France. Des massacres similaires ont lieu en Suisse et au Canada, au sein de la même secte.

Le gouvernement prend dès lors pleinement conscience de la dangerosité que peuvent présenter les sectes. Jean-Pierre Brard, membre du parti communiste, député de la septième circonscription de la Seine-Saint-Denis et maire de Montreuil, réagit à ce fait divers auprès des journalistes de France 3[2]. Après

1. Source Miviludes.

2. Site de l'INA, Jean-Pierre Brard à propos de la commission d'enquête parlementaire sur les sectes, 24 décembre 1995.

avoir insisté sur la nécessité d'« inventer une nouvelle législation qui a pour objet les sectes », il ajoute : « Actuellement, on peut coincer les sectes sur le plan fiscal, sur le plan des mauvais traitements, sur le plan de non-assistance à personne en danger ou sur l'exercice illégal de la médecine, mais ce n'est pas si facile. [...] Je serais pour que, sur l'affaire des sectes, il y ait, sur le plan national, une sorte de comité d'éthique qui aurait vocation à dire si telle association – qui se dissimule derrière la loi sur les associations – est effectivement une secte ou pas, pour qu'une nouvelle législation à définir puisse être mise en œuvre afin d'éradiquer ces sectes... Et je parle d'éradication car ces sectes n'ont rien à voir avec la liberté. L'affaire du Temple solaire en témoigne : comment, au nom de la liberté, déboucher sur l'assassinat de trois enfants ? » conclut-il devant les caméras.

Cette fois-ci, une première commission d'enquête parlementaire publie en janvier 1996 un nouveau rapport, « Les sectes en France », listant cent soixante-treize groupes sur lesquels l'État doit exercer une vigilance accrue du fait de leur dangerosité qui répond à une dizaine de critères. Parmi eux : la déstabilisation mentale ; le caractère exorbitant des exigences financières ; la rupture avec l'environnement d'origine ; l'existence d'atteintes à l'intégrité physique ; l'embrigadement des enfants ; le discours antisocial ; les troubles à l'ordre public ; l'importance des démêlés judiciaires ; l'éventuel détournement des circuits économiques traditionnels ; les tentatives d'infiltration des pouvoirs publics.

En mai 1996 est finalement créé, par le gouvernement Juppé, l'Observatoire interministériel sur les sectes. Interrogé en 1998 par *Libération*, Jean-Pierre Brard, devenu membre de cet observatoire, dit estimer que celui-ci n'est pas efficace et prône la création « d'une sorte de haute autorité avec pouvoir d'investigation ». Il s'en explique : « On a vu des sectes dans des lieux de pouvoir. Et puis on a des témoignages écrits d'adeptes poussés au suicide par la secte, de couples divorcés à cause de la secte. C'est une question de sûreté de l'État et de respect des libertés individuelles. »[1]

À croire que Jean-Pierre Brard a été entendu : en 1998, l'Observatoire interministériel sur les sectes est remplacé par la Mission interministérielle de lutte contre les sectes (MILS).

En 1999, une seconde commission d'enquête établit qu'il existe bien un lien entre les sectes et l'argent. Cette commission est alors rapportée par les députés Jacques Guyard et Jean-Pierre Brard, vice-président de la

1. « Il faut créer une haute autorité », *Libération*, le 1er juin 1998.

commission d'enquête parlementaire sur les sectes, qu'on surnomme désormais « monsieur anti-sectes ».

Tout au long des années 90, députés, associations et organisations ont essayé de définir, de qualifier, d'encadrer ce que la société française a, décidément, du mal à nommer. Il faut attendre l'aube des années 2000 pour que le gouvernement de Jacques Chirac affirme officiellement que la lutte contre les sectes (ou « sociétés secrètes ») constitue une priorité. Le 22 juin 2000, Jean-Pierre Brard présente en première lecture à l'Assemblée nationale un texte « tendant à renforcer la prévention et la répression à l'encontre des groupements à caractère sectaire ». Les députés Guyard et Brard évoquent « une aggravation inquiétante[1] ».

En juin 2001, le Parlement vote finalement la loi About-Picard afin de « renforcer la prévention et la répression des mouvements sectaires portant atteinte aux droits de l'homme et aux libertés fondamentales ».

Puis, le 28 novembre 2002, sous l'égide de Jean-Pierre Raffarin, le gouvernement dissout la MILS et crée la Mission interministérielle de vigilance et de lutte contre les dérives sectaires, aussi appelée « Miviludes ». Deux ans avant que Jacques Chirac refuse de rencontrer

1. « Les sectes dans le viseur des députés », *Libération*, le 22 juin 2000.

Tom Cruise à l'Élysée : derrière l'acteur phare de *Top Gun* se cache un émissaire de l'Église de Scientologie, avec lequel le président de la République a craint, peut-être, de s'afficher.

À l'époque, le dispositif de la Miviludes est perçu comme un outil tout à fait exceptionnel mais vivement critiqué : certains Français considèrent qu'il s'agit d'une atteinte aux libertés individuelles – jusqu'où l'État doit-il protéger les individus ? Après tout, la liberté de conscience est un principe fondamental de la République –, voire d'une discrimination à l'égard de certaines minorités religieuses. L'apparition de ces sectes questionne le lien entre l'État et l'individu.

Face à cette défiance de l'opinion publique, la Miviludes s'échine à souligner qu'elle s'inscrit « dans le consensus français de protection des victimes et de l'ordre public », précisant qu'elle « prend en compte les seuls actes et comportements contraires aux lois et règlements, portant atteinte aux droits fondamentaux de la personne ou troublant l'ordre public[1] ».

En 2006, la commission parlementaire rend son rapport d'enquête sur l'influence des sectes sur la santé physique et mentale des mineurs. « Je pense que la France se démarque du reste du monde par le combat

1. https://www.miviludes.interieur.gouv.fr/missions/historique

féroce qu'elle mène contre l'implantation des sectes sur son territoire », certifie alors au *Figaro*[1] Jean-Pierre Brard. Nouvelle avancée en 2008 lorsque le président de la Miviludes, Jean-Michel Roulet, affirme qu'il est nécessaire de donner à la mission des « moyens d'aller plus loin dans l'investigation » et, notamment, pour établir une « liste » des sectes en France[2]. Une mesure qui lui semble indispensable face au constat fait par le président UMP de l'Assemblée nationale, Bernard Accoyer, qui, dans un entretien à *La Croix*, affirme que le nombre de victimes en France d'organisations sectaires s'élève alors à « plusieurs centaines de milliers ». Le député dépose même une proposition de loi visant à protéger les personnes qui ont le courage de témoigner (notamment sur les sectes) devant les commissions d'enquêtes parlementaires. « Lors des derniers travaux de l'Assemblée sur ces sujets, les sectes ont profité de la publicité donnée aux auditions pour harceler les témoins et lancer sept procédures pour diffamation. Cette loi libère les témoins de ce risque », se félicite auprès du *Monde* le député Jean-Pierre Brard, alors

1. Jean-Pierre Brard, « Plus de vigilance », article paru dans *Le Figaro*, le 15 décembre 2006.

2. « Critiquée, la Miviludes défend le principe d'une "liste" des sectes », *Le Monde*, le 4 avril 2008.

que la proposition de loi est adoptée à l'unanimité par les députés.

Loin de toutes ces agitations qui interrogent la société française, entre les murs du château de Martel, les Védrines forment-ils alors une « secte » ?

Sont-ils vraiment sous l'emprise d'un « gourou » ?

18

Un patrimoine disséminé

En ce début de l'année 2003, Thierry et sa compagne viennent d'avoir un fils. Cela fait désormais trois ans que, sur les ordres de Thierry Tilly, les Védrines ne paient plus leurs impôts. À la demande de leur mentor, la famille lui envoie directement les sommes destinées au fisc. Jusqu'au jour où, le 2 septembre 2003, à la suite d'une plainte du Trésor public, deux huissiers se présentent à Martel, escortés de gendarmes.

Si Ghislaine les trouve « infects, odieux, terriblement arrogants, brutaux, désagréables », elle reste néanmoins sereine : Thierry lui a promis que ses services récupéreront les meubles. Alors elle laisse les huissiers vider le château de son mobilier, de ses tableaux, armoires, vaisselle, et de tous ces objets qui ont marqué son enfance et que les Védrines se transmettaient de génération en génération. La grande table de chêne qui réunissait toute la famille à Noël. Le bureau du patriarche sur lequel ses aïeux se penchaient pour écrire. Le fauteuil en cuir de Jean de Védrines. La confortable bergère sur laquelle Guillemette de Védrines s'asseyait pour coudre. Les deux fauteuils de l'entrée. Une vie entière entassée dans deux camions de déménagement. Charles-Henri et son fils Guillaume, également présents, s'escriment avec les officiers ministériels. Ils les haranguent, tentent de sauver certains meubles.

En vain. Le grand salon, le petit salon, la salle à manger, la chambre parentale, le bureau, toutes les chambres à l'étage, le grenier, le sous-sol : chaque pièce du château est inspectée, inventoriée, dépouillée. Des inconnus saisissent – de leurs mains nécessairement sales, car inconnues, étrangères – ces fragiles témoins de leur histoire. La maison ne peut se défendre, on viole sa mémoire. Hémorragie des souvenirs, violence de l'instant.

Cette spoliation de leurs biens conforte les Védrines dans leur croyance de la théorie du complot énoncée par Tilly. « On leur en veut »…

Ghislaine appelle Tilly, qui lui conseille de ne rien faire. Il connaît quelqu'un à Bercy qui va les aider à se sortir de ce mauvais pas. Il va faire agir ses relations. Ghislaine s'exécute. Elle ne dit rien. Sac à la main et pochette bleue sous le coude, elle regarde, sévère, le long défilé d'objets qui quittent leur demeure. Cette scène, terriblement réaliste, trop réaliste, lui est insupportable. Sa seule consolation est que sa mère, Guillemette, n'assiste pas à cette déchéance. Elle est restée à Talade, en compagnie de Philippe. Au téléphone, Tilly lui répète son leitmotiv habituel, « payer ne règle pas tout ».

Ces meubles, Jean Marchand les retrouvera en mai 2004. Il se rend alors à la salle des ventes de Villeneuve-sur-Lot, pour tenter de sauver ce qui peut l'être. En vain. Ce sont trois heures de torture, durant lesquelles le journaliste ne peut que regarder, impuissant, le marteau du commissaire-priseur claquer, encore et encore. À chaque coup, c'est un vestige du passé qui s'envole. Jean tente malgré tout sa chance : il espère récupérer un vaisselier appartenant aux Védrines. Il lui échappe. Il réussit en revanche à emporter un buffet et deux fauteuils Voltaire. L'un des cousins des Védrines, qui ce jour-là avait décidé d'accompagner Jean Marchand, parvient, lui, à reprendre un semainier en merisier et marqueterie qu'il avait lui-même réalisé alors qu'il était jeune ébéniste.

19

Des aristocrates en Angleterre

Les Védrines sont presque à la rue. Dépouillés de tous leurs meubles, il leur est désormais impossible de vivre à Martel. Alors, durant trois ans, les adultes de la famille vont vivre en vase clos, à l'écart du monde, dans la petite ferme de Philippe. À seulement quelques mètres du château aux murs nus qui, désormais, ne leur appartient plus.

À Talade, les Védrines vivent les uns sur les autres. Rien à voir avec le confinement à Martel. Christine et Charles-Henri dorment sur un matelas à même le sol. Thierry Tilly multiplie les séances « volets clos » durant des jours entiers. Ghislaine, qui passe son temps les yeux rivés sur son téléphone, à l'affût d'un énième message de Thierry, trouve Philippe insupportable. Il ressasse sans cesse les mêmes propos : c'est à lui que le château de Martel aurait dû revenir, c'est lui l'aîné. Et puis d'ailleurs, leur père ne l'a jamais aimé. Il a toujours préféré Charles-Henri. Pour Ghislaine, il s'agit de crises de jalousie ridicules. Son frère l'agace, avec ses « histoires de chevalière de travers », de « fauteuil Louis XVI dans lequel il a toujours voulu être assis », et « ses problèmes de cuillères en argent ». Mais elle se tait. La situation est déjà assez compliquée. Cette aigreur et ce ressentiment se distillent peu à peu dans les cœurs des Védrines. « C'était l'enfer », résume Ghislaine. D'autant que sa mère est de moins en moins autonome. Alors Ghislaine devient infirmière. Elle lui fait sa toilette, l'habille, la fait manger. Toute son énergie est désormais tournée vers elle.

Que ce soit par mansuétude ou dans l'espoir secret de ne pas être un fardeau pour sa fille, Guillemette de Védrines tente de la divertir en lui parlant de telle lecture qu'elle a appréciée, de tel fait historique… Comment, sinon, supporter le regard de sa fille ? Comment endurer la présence de l'Autre alors qu'on se sent réduit, dépendant, et qu'on assiste, impuissant, à sa propre déchéance ? Guillemette de Védrines ne fait pas partie de ces êtres qui se laissent abattre facilement. Devenir un poids pour son entourage serait pour elle le pire châtiment. Elle souhaite traverser l'épreuve de la vieillesse dignement. Alors elle garde la tête haute. Comme elle l'a toujours fait.

Christine et Charles-Henri se rassurent en se persuadant que ce n'est que temporaire. L'affaire de quelques semaines, à peine. Le temps que Tilly trouve une solution.

Mais le séjour à Talade va s'éterniser. Peu à peu, la santé des Védrines se dégrade. Brigitte a constamment mal à la tête. Philippe dit ressentir de vives douleurs dans les jambes. Christine prend des anxiolytiques et maigrit à vue d'œil. Elle n'est plus que l'ombre d'elle-même. Comme Ghislaine, elle perd quelques dents.

Trois années s'écoulent ainsi. Longues. Pénibles. Silencieuses.

Les enfants, eux, ont tous été envoyés en Angleterre.

Diane, une jeune fille aux grands yeux couleur noisette, n'avait que quinze ans lorsque Thierry Tilly est entré dans sa vie. L'homme au Burberry ne cessait de lui répéter qu'elle était de trop, que personne, pas même ses parents, ne l'aimait. Qu'elle était « le cas social » des Védrines. Que ses parents ne souhaitaient pas s'occuper d'elle. Alors qu'elle était encore lycéenne, Thierry avait convaincu ses parents de la placer dans un pensionnat catholique, à Poitiers. Il avait ensuite conseillé à Christine et Charles-Henri de l'envoyer dans une école privée très cotée de Londres, où sa propre fille était scolarisée. Diane y a vécu seule, éloignée de tous et privée de tout contact avec les siens. De temps à autre, elle rendait visite à la fille et la femme de Tilly. Ses parents lui expédiaient des enveloppes avec de l'argent pour subvenir à ses besoins. Jamais elle ne les ouvrait : Thierry Tilly exigeait systématiquement qu'elles lui soient d'abord transmises.

Son frère Amaury a aussi rencontré Thierry Tilly durant son adolescence. Il traversait alors une grave crise « de désespoir ». Ses parents étaient affligés de le voir fumer du cannabis à longueur de journée. Lorsque Tilly est apparu, Amaury s'est accroché à lui comme un naufragé à un morceau de bois. Longtemps il est resté persuadé que, si Thierry n'était pas intervenu, il aurait sombré dans des drogues plus dures. Au moment de leur rencontre, il apprécie l'homme, le trouve « fondamentalement gentil », « rassurant », « bienveillant ». Il est aussi touché lorsque celui-ci « prend le temps de l'écouter, d'égal à égal », lui donnant l'impression que Tilly veut « l'élever ». Lorsqu'il l'envoie en Angleterre, son bienfaiteur l'assure qu'il se charge de tout, qu'il sera logé, nourri, blanchi. Or, il n'en est rien.

Nous sommes en 2002. Dans le dos d'Amaury, Tilly s'indigne auprès de sa famille : l'emménagement du jeune homme à Londres aurait coûté une somme très importante. Amaury, ignorant cela, continue de se montrer très reconnaissant envers Thierry, qui lui a trouvé un travail de manutentionnaire dans un célèbre magasin de vêtements.

Le jeune homme doit cependant rester sur ses gardes. Tilly ne manque pas de lui rappeler qu'il doit être attentif à tout ce qui l'entoure. Chaque détail qui peut paraître, au premier regard, anodin, peut se révéler déterminant pour sa survie. Inquiet de tout, interprétant chaque intention des passants, relevant chaque plaque d'immatriculation, notant chaque couleur et marque de voiture, Amaury développe une hypervigilance. Son protecteur lui affirme qu'il est surveillé en permanence et que le moindre de ses faits et gestes est enregistré, analysé. Il le met aussi en garde contre son père, Charles-Henri.

Une attention démesurée qu'Amaury doit porter aussi bien sur le monde extérieur que sur son univers intime : il note ses souvenirs, ses pensées. Son mentor veut tout savoir, connaître son âme dans ses moindres recoins, ses pensées les plus sombres, ses désirs les plus enfouis, ses fantasmes les plus inavouables. Tout peut être utile à Tilly. Tout doit faire l'objet d'un rapport. Le moindre changement, intérieur ou extérieur, est suspect. Cette mission de surveillance, d'introspection, c'est une façon pour Tilly de donner un rôle à Amaury. De l'impliquer dans la grande cause qu'est la protection de sa famille. Amaury, l'esprit anesthésié, ne pose pas de questions.

Pendant trois ans, jusqu'en 2005, le jeune homme vit dans un appartement londonien avec son cousin François. Jusqu'à ce que Thierry lui donne l'ordre d'aller surveiller les locaux de la Blue Light Foundation, l'association de Jacques Gonzalez qui veille à la protection des Védrines. Ces bureaux sont situés au 13 Regent Street, en plein cœur de Londres. Amaury dort à même le sol dans un sac de couchage. Sans chauffage, ni douche. Il se lave dans les toilettes communes de l'immeuble. L'eau est glaciale. Une fois par jour, sa sœur Diane et leur cousin François viennent lui apporter de la nourriture. Amaury ne le sait pas, mais Tilly a sommé Diane et François de le traiter comme un chien, de le mépriser et de ne plus lui adresser la parole. De juillet 2004 à avril 2005, Amaury subit cet immuable quotidien. Pour le jeune homme la vie est devenue une interminable nuit. Il ne s'agit plus de vivre, mais de survivre. « Quand, durant neuf mois, Amaury a été forcé de garder des bureaux et d'y vivre presque séquestré, Tilly nous disait qu'il étudiait dans une bonne université anglaise. Et lorsqu'on râlait pour avoir des nouvelles, on recevait toujours, dans les jours suivants, un mail rassurant », rapporte Charles-Henri. Pour l'heure, il est à mille lieues de se douter que tous les échanges entre enfants et parents passent par Tilly.

En 2005, Amaury a le droit de retourner vivre aux côtés de sa sœur et de son cousin, dans l'appartement londonien. Il dort dans le couloir. Tilly continue de l'exhorter à noter ce qui lui passe par la tête. Une sorte de thérapie, lui assure-t-il, ou tout du moins un journal intime.

Pendant qu'Amaury, Diane et François vivent à Londres dans un deux-pièces étroit, la jeune Guillemette est envoyée seule à près de deux cents kilomètres de la capitale, à Bristol, dans le sud-ouest du pays. Elle y est embauchée comme serveuse dans un restaurant italien. Elle doit reverser son salaire à Thierry Tilly. Pour assurer sa sécurité, lui dit-il. Sa vie de jeune femme a basculé dans un monde où plus rien n'a de sens. Le seul but de son existence se limite à un objectif précis : donner l'argent à Tilly afin qu'il protège les siens. Car sans argent, c'est leur mort assurée.

Ses journées sont mornes. Seule lueur d'espoir dans cette morosité : le sourire d'un jeune Italien qui travaille à ses côtés au restaurant. Des amis, elle n'en a pas. Pas le temps. Et pour leur dire quoi ? Ce serait surtout s'exposer à un terrible danger. Il fallait qu'un sentiment plus fort réveille en elle ce désir – naturel – d'aller vers l'autre. Quelque chose qui ressemble à l'amour. Pour Guillemette, il a pris les traits de ce jeune Italien.

Entre deux séjours à Londres, où il croise régulièrement Tilly, Guillaume, lui, travaille au centre Oxford Archeology, un grand cabinet d'archéologie et de patrimoine. L'entreprise s'emploie notamment à l'exhumation de cimetières postmédiévaux. Au début, Tilly lui confie quelques missions sans importance à ses côtés, puis, peu à peu, il en demande de plus en plus à l'ancien étudiant en école de commerce.

Fragilisé, isolé, trop jeune, Guillaume s'exécute. Il reste persuadé que Tilly le prépare à un avenir brillant. D'ailleurs, les Védrines n'ont pas à s'en faire quant à l'avenir de leurs fils et filles : Tilly s'occupe de tout. Tout est sous contrôle.

20

Le système Tilly

En 2007, après trois années à vivre reclus dans la ferme de Philippe, il était indispensable que les Védrines déménagent. Pour leur survie. Il s'agit de changer de pays afin de ne plus être la cible des « réseaux de Jean » et de se consacrer pleinement, à distance, à la reconstitution de leur patrimoine. C'est du moins ce qu'avance Tilly.

Direction Oxford, en Angleterre, où un nouveau huis clos infernal se met en place.

Les uns après les autres, les Védrines traversent la Manche. Ils sont logés au 35 Church Hill Road, au cœur d'une petite banlieue tranquille, populaire, où s'alignent des pavillons en brique rouge.

« Les objections sont impossibles. Tilly nous fait faire ce qu'il veut. Dès qu'il sent une réticence, il accentue l'idée d'une menace encore plus forte qui plane sur nous. Menace qu'il est le seul, avec son patron, à pouvoir contrer », rapporte Guillaume, dont les parents, Christine et Charles-Henri, sont les premiers à partir pour l'Angleterre.

Ils sont d'abord domiciliés dans unc maison à part. Petit carré de gazon, bow-window, un étage. Ce pavillon modeste est situé juste en face des Tilly. Puis le couple est rejoint en 2008 par Ghislaine, sa mère, Philippe et Brigitte. Thierry Tilly leur a ordonné de venir car, argumente-t-il, « il faut parler de l'avenir ».

Comme souvent, Ghislaine prend les choses en main. Elle commande un taxi depuis Monflanquin. La voiture est remplie à ras bord. La matriarche, âgée de quatre-vingt-quinze ans, monte avec difficulté dans le véhicule. À peine arrivés dans la capitale, Tilly leur donne l'ordre de se diriger vers Calais. Environ trois cents kilomètres de route. Une fois à Calais, les Védrines prennent le train pour Oxford.

Parents et enfants se retrouvent tous enfin. Excepté Guillaume qui, lui, passe son temps à faire des allers-retours en voiture entre le Lot-et-Garonne et la ville universitaire, pour régler les « affaires » de Tilly ainsi que celles qui concernent sa famille. Après chaque journée de travail, l'aîné de Christine doit constituer des dossiers pour « défendre » les intérêts des siens face à ceux qui volent leurs biens. Le jeune homme perd ses nuits à rédiger des synthèses pour les avocats.

Tilly joue ainsi sur le sens du devoir de Guillaume. « À l'époque, enfermés dans ce système paranoïaque qui fausse tout, nous sommes épuisés psychologiquement. Il s'agit du deuxième niveau du système Tilly. Après vous avoir fait peur, il vous épuise, moralement et physiquement », analyse, a posteriori, Guillaume.

Mais l'habile mentor sent bien que, de plus en plus, Guillaume, avide de liberté, lui échappe.

Il devient gênant. Tilly tente de le canaliser en lui confiant que le clan « prépare de sales coups » contre lui. Il tente de monter Guillaume et Ghislaine l'un contre l'autre, assurant au jeune homme que sa tante ne souhaite que lui nuire. Il lui conseille de rester loyal s'il veut toujours être protégé par ses services. Le fils Védrines, docile et terrorisé à l'idée que sa tante puisse lui causer du tort, continue d'exécuter les ordres de Tilly, même de mauvaise grâce.

Un jour, un appel de Tilly vient tout bouleverser : à l'autre bout du fil, celui-ci, hystérique, exige que Guillaume « rende l'argent ». Il a jusqu'à la fin de la semaine. Quel argent ? Guillaume ne comprend pas. Tilly le traite de voleur et le somme de « dégager ». Et raccroche. Guillaume a beau le rappeler, il ne répond pas.

Le lendemain, Guillaume apprend l'impensable : « Je reçois à mon domicile plusieurs plaintes émanant de l'ensemble de ma famille. Ils me reprochent d'avoir détourné tout le patrimoine familial. Ghislaine va même jusqu'à appeler mon patron pour l'informer que j'aurais volé ma famille. Ce dernier me convoque. Je lui explique que tout est faux. Il me fait confiance », raconte l'intéressé.

Guillaume ne comprend pas pourquoi les siens s'acharnent ainsi contre lui. Et comment aurait-il pu ? Il est loin d'imaginer que le piège s'est depuis longtemps refermé derrière eux. Qu'il est trop tard. Que l'extraordinaire machine élaborée par Tilly a pour vocation de les monter les uns contre les autres. Guillaume est convaincu que les siens sont devenus fous, mais aussi que Tilly joue un double jeu. C'est sûr, son protecteur doit faire semblant de le détester. Ce doit être une énième mascarade visant à le protéger.

Or, si Tilly s'est montré si agressif au téléphone avec Guillaume, c'est qu'il se trouve face au mur : les caisses sont vides – la Blue Light Foundation est décidément vorace – et les Védrines ont perdu tous leurs biens. Gonzalez, le président de la Blue Light, est très clair avec Tilly : il attend de nouvelles rentrées d'argent. Mais celles-ci ne viennent pas et cela a le don de l'irriter. « J'en ai plein le c** de ces gens-là. Et maintenant je veux que le fric rentre, c'est clair ? » hurle-t-il au téléphone.

Les Védrines deviennent un poids dont Tilly aimerait bien se délester. L'ami de la famille fait toutefois le pari de les saigner jusqu'au bout : peut-être ont-ils, en France, à l'étranger, une fortune cachée ?

Le clan est désormais persuadé que Guillaume les a volés : les services de Tilly en ont la preuve formelle. Mais l'homme providentiel a une solution. Comme d'habitude, il est le seul à pouvoir régler le problème.

Comme d'habitude, il a un *plan.* Et comme il est tout particulièrement altruiste et bon, il va, à nouveau, aider les Védrines.

21

Le « secret de la transmission »

Dans le pavillon oxfordien, maintes fois Ghislaine a voulu débrancher le téléphone. Sa sonnerie n'est qu'une torture de plus dans cette nouvelle habitation où Thierry Tilly a placé ceux que la presse française surnomme désormais « les reclus ». Pourtant, jamais Ghislaine ne fait taire le combiné diabolique. Elle le met sur répondeur, parfois. La plupart du temps, lorsqu'elle décroche, elle fait mine de ne pas reconnaître l'interlocuteur. Car si la crainte de revoir son mari – crainte que Thierry Tilly avait fait germer en elle – l'obsède jour et nuit, elle ne peut s'empêcher d'espérer qu'un jour ils soient de nouveau réunis.

Nombre d'appels émanent de journalistes qui, depuis l'article de *Sud Ouest*, tentent d'entrer en contact avec les Védrines, en quête d'un témoignage exclusif. Ainsi, un jour, des reporters qui se présentent comme journalistes pour la télévision essaient tant bien que mal de tirer les vers du nez de Ghislaine, leur seule interlocutrice (« Il n'y a pas d'histoire de secte ? Vous faites ce que vous voulez ? » l'interrogent-ils). La chaîne parvient à enregistrer quelques images de Ghislaine, penchée à sa fenêtre, à l'étage. « On n'a aucune contrainte de personne. On est répertoriés au consulat normalement. Tout le monde ici travaille dans des entreprises depuis plus de deux ans, il n'y a aucun souci. On a une vie plus que normale. »

Cette vie « normale » s'apprête encore à être bouleversée. Tout commence lors d'un après-midi banal. Thierry convoque Christine en aparté. L'homme au Burberry a bien cerné la personnalité de Christine. Elle est décrite par son entourage comme étant « un peu en retrait » par rapport à son mari mais « dotée d'un sens du dévouement hors norme concernant sa famille ». Un de ses cousins germains parle d'elle comme de « quelqu'un de très pratique, très engagé », d'une personne qui « a les pieds sur terre » et qui est « très impliquée dans la vie sociale ». « Une femme souriante et très gaie », résume-t-il. Thierry Tilly sait aussi que la quinquagénaire a toujours estimé que, à son arrivée au sein des Védrines, sa foi catholique lui avait été reprochée. Il peut donc jouer sur ces failles, parmi lesquelles son sentiment de culpabilité, son envie de bien faire et son besoin d'être reconnue comme faisant légitimement partie du clan.

Lors de cet entretien, Thierry Tilly rapporte à Christine qu'elle est la seule à savoir où se cache un trésor transmis par les siens de génération en génération. Ce n'est pas un hasard si son nom de jeune fille, « Cornette de

Laminière », signifie en héraldique « le Gardien de la mine », glisse-t-il. Christine secoue la tête, surprise : non, elle n'a jamais entendu parler d'un quelconque trésor familial. Thierry Tilly, magnanime, refuse d'entendre ces propos. Selon lui, Christine a sûrement perdu la mémoire. Il lui demande de faire travailler ses cellules grises : si elle retrouve le nom de l'endroit du trésor – constitué d'or et de bijoux –, alors les Védrines seront sauvés. Le destin de toute la famille est entre ses mains.

Mais Christine a beau réfléchir, elle ne voit pas à quoi Thierry Tilly fait référence. Celui-ci décide alors de l'envoyer à Bruxelles, accompagnée de son fils Guillaume. L'objectif fixé par Tilly est clair : ils doivent faire le tour des banques de la capitale européenne pour tenter de mettre la main sur le trésor caché des Laminière. Christine et Guillaume s'exécutent. Ils écument une à une les banques de la ville. Inlassablement, Christine présente sa carte d'identité et demande s'il y a un coffre à son nom. Sans succès. Christine et Guillaume rentrent les mains vides. En guise de punition, ordre est donné d'enfermer Christine dans une chambre de la maison. Tilly lui ordonne d'écrire sur ses souvenirs d'enfance et de jeunesse, encore et encore, histoire de raviver sa mémoire. Dans une pièce froide et nue, Christine tente de se rappeler. Pour ne pas sombrer dans la folie, il lui arrive de réciter des poèmes. Tilly lui répète qu'elle est une mère indigne, que sa famille souffre à cause de ses troubles de la mémoire. Il la menace de l'envoyer « dans une cellule » de ses services, « sous les Invalides », d'où elle ressortira « tout juste bonne à interner ». Ses deux enfants, Diane et Amaury, montent régulièrement dans sa chambre. Le refrain est le même que celui répété par Guillaume à Bruxelles : pourquoi Christine ne livre-t-elle pas le secret de la transmission ? Un mot et tout s'arrangerait ! Prise dans l'étau de ce chantage affectif, Christine ne sait que faire. Elle est persuadée que tout est de sa faute : si seulement elle se souvenait de l'endroit où est caché ce trésor, ils ne vivraient plus dans des conditions précaires.

Un jour de janvier 2008, Thierry Tilly rend visite aux Védrines, dans le petit pavillon où ils vivent désormais enfermés depuis plusieurs mois. Il rassemble Philippe, Ghislaine, Charles-Henri, Christine, Diane et François à l'étage, dans une petite chambre dotée d'une table. Seule la grand-mère Guillemette est exemptée d'assister à la réunion. Guillaume n'y assiste pas non plus.

À ceux qui sont présents, Tilly explique qu'il a une information capitale à leur transmettre : leur famille détient un trésor, le « trésor de la transmission ». Or depuis des générations, ce butin est dissimulé quelque part dans un coffre. Et la seule à connaître son emplacement est Christine.

Durant près d'une heure va se jouer le procès de la mère de famille. Tous descendent au rez-de-chaussée, dans une pièce sombre. Les Védrines s'asseyent en cercle. Excepté Christine, qu'on installe sur un tabouret devant un mur, le dos tourné. Tilly accuse Christine de trahir sa famille, de l'avoir détruite. Christine ne réagit pas. Elle est sidérée. Tout se déroule comme si elle n'assistait pas à la scène. Elle écoute et se tait. Des questions reviennent sans cesse : où est la transmission ? Dans quelle banque ? Quels sont les numéros de compte ? Christine, d'une main frêle, tente d'établir une liste des banques à Londres, à Bruxelles... En vain. En l'absence de résultats, Thierry Tilly interdit à Christine de dormir et demande à Charles-Henri de veiller à ce que jamais elle ne puisse trouver le sommeil, en lui pinçant régulièrement les lobes. « Si Christine s'endormait, elle se réveillerait folle », affirme Tilly. Dans ce climat de tension et de suspicion extrêmes, l'ancien gynécologue est à bout, épuisé, anémié, il a l'esprit ankylosé. Son jugement critique est complètement altéré.

Plus tard, Christine de Védrines déclarera aux enquêteurs : « Ces pincements ont fini par me provoquer des saignements suivis de croûtes. On m'interdisait également de poser la tête sur une table qui se trouvait devant moi afin de m'empêcher de dormir. »

Charles-Henri racontera de son côté que Christine était « obligée de rester droite sans s'appuyer sur le dossier de la chaise et de garder les mains à plat sur le bureau ». Son récit est terrible : « Elle s'effondre régulièrement sur le bureau et a des mouvements oscillants et latéraux qui vont la conduire à tomber par terre sur son flanc droit sans que j'aie pu l'en empêcher. Malgré ma hantise de l'endormissement et les tours de garde, au fil des jours nous nous sommes fatalement endormis, ce qui a augmenté mon angoisse concernant son état mental [...]. Au fil des heures, voire des jours, Christine s'effondrait de plus en plus sur son bureau, je la soutenais sous les aisselles, la secouant latéralement. J'entends encore mon frère, très traumatisé par cette ambiance, me supplier d'arrêter en disant : “Il va la tuer, il va la tuer...” »

Selon les consignes de Thierry Tilly, portes et fenêtres doivent rester fermées. Charles-Henri, Ghislaine, Philippe, Christine et Brigitte ont interdiction de sortir de la pièce. Leurs enfants – Diane, Amaury, François, qui, tous, habitent désormais avec leurs parents à Oxford – doivent les surveiller. Tous, excepté Christine, ont droit, de temps à autre, à des biscuits, du café au lait ou du thé. Même régime pour les plus jeunes. Quand Diane s'interroge et confie son inquiétude à Thierry, celui-ci lui rétorque que c'est pour la bonne cause et qu'il faut aller jusqu'au bout. Mais depuis quelque temps Diane, en secret, doute de celui qui cherche sans répit à leur sauver la vie. Notamment depuis que ce dernier lui a assuré que son petit ami était payé par son frère, Guillaume, pour sortir avec elle. Et depuis que Tilly a insinué qu'elle aurait été attouchée par sa mère, plus jeune. Pour qu'il la laisse tranquille, elle avait déposé plainte contre sa mère, Christine. Sans y croire vraiment.

La pièce est toujours plongée dans l'obscurité et Christine n'a aucun repère temporel. Il lui est défendu de se laver, d'aller aux toilettes, de se changer. Durant quatorze jours. De temps à autre, son mari lui apporte un plateau-repas. Parfois, elle tombe de sa chaise de torture. Un frisson d'effroi parcourt la petite assemblée, qui veille. Thierry grince des dents : elle le fait exprès ! Il la frappe dans le dos. Ni son mari, ni son beau-frère, ni sa belle-sœur ne protestent. Christine est seule face à l'absurdité d'un bourreau dépourvu de sentiments.

Un jour se tient une scène particulièrement cruelle : Thierry lui hurle qu'elle a eu des relations intimes avec son beau-frère, Jean Marchand. Ghislaine, hors d'elle, gifle sa belle-sœur. Elle aurait aussi couché avec son beau-père, Jean de Védrines : son fils, Guillaume, serait alors le fruit de cette infidélité. Thierry vocifère, s'égosille, rugit. Charles-Henri, sur le point de s'écrouler, s'accroche au dossier du canapé. Philippe hurle, il veut tout arrêter. « Nous ne sommes pas des nazis, quand même ! » s'exclame-t-il.

Christine finit par rédiger une liste de comptes à l'étranger, au hasard. Ces derniers n'existent pas, elle y voit juste une manière de mettre fin à son calvaire. Thierry Tilly comprend le subterfuge et menace Christine de tirer une balle de revolver à côté de son oreille, afin de la rendre sourde. « Sur le ton de la colère, il profère des propos incompréhensibles et violents à l'oreille de Christine et lui donne de grandes tapes dans le dos dont Christine dira qu'elles lui ont fait très mal », rapportera plus tard Charles-Henri aux enquêteurs. Thierry la menace de ne plus jamais revoir ses enfants et de l'envoyer dans un « bordel pour Noirs ». Christine, à bout, s'urine dessus puis s'effondre. Elle perd connaissance. Ses enfants accourent pour la conduire jusqu'à la salle de bains. Elle ne peut même plus marcher seule : ahuri, Charles-Henri constate que les jambes de sa femme sont couvertes d'œdèmes.

Ce n'est qu'au contact de l'eau que, épuisée et docile, Christine reprend peu à peu conscience, sous le regard de son mari. Elle a passé presque quinze jours assise sur un tabouret.

Brigitte et Philippe rentrent à Talade. Ghislaine les rejoint un peu plus tard. Jusqu'à ce qu'un nouvel épisode d'une extrême violence pousse Tilly à ordonner le retour de Ghislaine à Oxford : à Talade, Philippe aurait essayé d'étrangler sa sœur. Tilly a estimé qu'il valait mieux les séparer.

Après l'agression, Philippe, face à l'horreur de son geste, s'est rué vers le téléphone. Il a composé le numéro d'Étienne. À l'autre bout du fil, sa belle-fille répond. Celle-ci est stupéfiée par le récit et par l'appel en lui-même : cela fait tellement d'années qu'elle n'a pas entendu la voix de son beau-père ! Les deux autres enfants de Philippe sont immédiatement informés de la situation. La fratrie, qui vit à Paris, accourt en Lot-et-Garonne, à Talade. Philippe leur répète qu'il en a « marre de cette sœur qui ment ». Ses enfants décident de le placer en hôpital psychiatrique. Pour sa santé, mais aussi pour sa sécurité : loin de Tilly, ils espèrent que leur père retrouvera la raison. À l'hôpital, Philippe tend sa chevalière à Étienne : « Donne-la à ton fils, c'est tout ce qu'il me reste, je suis ruiné. »

Philippe, encore trop fragile, ne porte pas plainte. Ses enfants lui trouvent un logement temporaire à Paris, un studio duquel il ne sort jamais. L'emprise est toujours présente : lorsque Marie-Hélène, l'amie des Védrines, lui propose de la retrouver dans un restaurant, il refuse. Il a peur d'aller dans la rue. Peur des voitures qui risquent de l'attaquer. Les camionnettes blanches, surtout, l'obsèdent : Thierry l'a prévenu qu'elles appartenaient aux francs-maçons.

Pendant ce temps, à Oxford, Thierry Tilly a trouvé un autre moyen de renflouer les caisses. Il assure aux

Védrines que la seule solution pour payer ses équipes – et donc pour assurer leur protection – est d'hypothéquer le château de Martel.

Le 29 janvier 2008, Ghislaine et Guillaume se rendent chez un notaire de Valence-d'Agen. Le château familial est vendu 460 000 euros à une société civile immobilière. Seule consolation pour les Védrines : un acte sous seing privé stipule que la famille peut racheter le domaine au bout de cinq années, à condition d'avoir versé annuellement 51 000 euros.

22

Un étonnant baron d'Empire

D'une carrure imposante et d'un enthousiasme débordant, le baron Robert Pouget de Saint-Victor – Bobby, pour les intimes – dégage une bonhomie souriante. Son regard franc inspire la confiance. Tout en usant des codes de la haute société, il sait se montrer simple et hédoniste.

C'est aussi un personnage haut en couleur. « Avec ses airs de dandy en tweed, on s'attendrait à le croiser dans un club de gentlemen de Pall Mall plutôt qu'assis avec sa casquette plate parmi les tables de sa dernière entreprise commerciale », dit de lui un journaliste de la presse britannique[1].

Robert Pouget de Saint-Victor est un entrepreneur. Jeune marié, il s'est installé en Angleterre, où il a fondé l'« Oxford Cheese Company », une entreprise qui vend des fromages sur le marché d'Oxford et aux restaurants oxfordiens. Contre toute attente, la demande a explosé. Bobby ouvre alors en parallèle une petite épicerie au centre d'Oxford, nommée « Delicatessen ». Depuis, il

1. « *The Green Baron* », *Oxford Mail*, le 7 février 2007.

partage sa vie entre l'Oxford Cheese Company et sa résidence, dans les Cornouailles, au milieu des landes sauvages et des immenses plages de la péninsule. C'est un grand seigneur un peu désargenté.

Le baron avait engagé Christine comme cuisinière. À Oxford, les seuls autorisés à travailler sont Christine, Diane et Charles-Henri. Pour des raisons que seul Tilly connaît. Le gynécologue est désormais jardinier à l'Oxford Garden Company, au jardin du monastère de Woodstock Road. Diane cumule deux emplois. Elle est serveuse chez Nando's, un restaurant d'une chaîne qui propose des plats à base de poulet mariné dans du piment rouge africain, et chez Burger King. Elle travaille tard, jusqu'à 2 heures du matin ; elle effectue près de quatre-vingt-dix heures de travail par semaine et ne dort que trois heures par nuit ; le soir, après une heure et demie de marche pour regagner son domicile, elle s'occupe de sa grand-mère. Elle donne tout son salaire à Thierry. Mais celui-ci n'en a jamais assez et il faut toujours travailler plus. Christine, de son côté, officie donc comme cuisinière dans une cantine industrielle pour le compte du baron, qui livre de grands restaurants de la ville.

Chaque jour, Christine concocte des plats à base de pois chiches, poulet, légumes secs, riz et pâtes. Chaque jour, Charles-Henri l'emmène au travail puis revient la chercher sur son lieu de travail. Christine gagne 1 000 livres par mois, sur lesquels Tilly lui en prélève 900. Charles-Henri, en plus de son emploi à l'Oxford Garden Company, s'occupe aussi de certains petits travaux chez un docteur vétérinaire nommé Hutchings, qu'il apprécie beaucoup.

L'aristocrate est intrigué de voir une femme « de cette classe » travailler comme cuisinière. Et il ne comprend pas davantage comment le mari de son employée est passé de médecin à jardinier. Enfin il s'étonne de voir que, lorsqu'il demande à Christine de rédiger des factures, elle ne sait pas quelle année inscrire.

Christine et Charles-Henri demeurent éprouvés par le terrible traitement infligé dans la petite maison oxfordienne. Pourtant, ils ne laissent rien paraître. Ils sont en pilote automatique. Ne pas réfléchir. Ne pas se poser de questions. Se concentrer sur l'exécution des tâches quotidiennes. C'est ainsi que fonctionnent Christine et Charles-Henri, à cette époque. Peut-être pour se protéger. Sûrement pour ne pas sombrer. La réalité est bien trop traumatisante pour lui faire face. Et les Védrines sont faibles. Ils n'ont pas la force d'ouvrir les yeux.

Un jour de mars 2009, le baron Pouget de Saint-Victor, par l'intermédiaire de Christine, fait la rencontre de Tilly. Se pourrait-il que l'aristocrate devienne la nouvelle proie de Tilly ?

Un rendez-vous se déroule entre les deux hommes alors que Tilly accompagne Christine chez le baron. Il veut lui proposer d'investir dans un cabinet d'échographie et dans des affaires de gestion de fonds. Il se présente encore comme un homme puissant, au réseau important. Le baron n'en croit pas un mot. Il décèle derrière l'assurance de son interlocuteur le visage d'un escroc. Le baron fait part de ses intuitions à Christine, avant de lui dire tout net ce qu'il pense de son « protecteur ». Christine ne peut tenir plus longtemps. « Cherchez sur Internet "Reclus de Monflanquin" », lui lâche-t-elle.

Le lendemain, le baron intime à Christine d'appeler sa sœur. Puis sa cousine. Puis l'une de ses plus proches amies, Marie-Hélène. Dans un premier temps, Christine refuse, invoquant le fait que le téléphone est sur écoute. Le baron parvient à la convaincre du contraire. Christine craque et lui raconte son calvaire. Elle n'en peut plus de Tilly : ces derniers temps, il n'arrête pas de lui répéter « des horreurs » sur son père. Alors la mère de famille s'empare du combiné de la cuisine. Au téléphone, Christine annonce à son amie Marie-Hélène qu'elle souhaite porter plainte. Nous sommes le 20 mars 2009.

Le 24 mars, comme à son habitude, Christine quitte son petit bungalow en compagnie de son mari. Elle ne l'a pas averti du plan élaboré par le baron. Elle n'emporte avec elle que sa carte d'identité, son alliance et sa chevalière. Elle ne souffle mot de la voiture qui l'attend derrière les locaux de la cuisine où elle travaille. À la gare Saint Pancras de Londres, sa cousine Anne et Marie-Hélène l'attendent. Elles prennent place à bord de l'Eurostar.

C'est fini. Christine n'a plus peur. Elle laisse un message sur le répondeur de son mari : « Ne t'inquiète pas, je ne rentre pas ce soir. Je t'aime. »

Une fois arrivée en France, Christine est logée par Marie-Hélène dans un appartement parisien. Une autre amie, Dominique, lui ouvre un compte bancaire. Christine arrive au bout du cauchemar. Elle est la première à être libérée du joug de Tilly.

Mais cette liberté salvatrice a un prix : un douloureux retour au réel et la prise de conscience de l'ampleur du drame qui s'est joué chez les Védrines.

23

Exfiltration

Christine porte plainte, et lance de fait la machine judiciaire. Le 27 mars 2009, Christine est interrogée pour la première fois par le juge chargé de l'instruction, Stéphane Lorentz.

« Dès qu'on parlait de mes enfants, je pleurais, se rappelle la mère de famille. Je suis arrivée en boitant, je n'arrivais pas à monter l'escalier. J'avais une nécrose de la tête fémorale depuis ma séquestration. Je lui ai raconté cet épisode. Le juge m'a crue tout de suite. »

L'entretien dure dix-neuf heures.

Grâce à des écoutes téléphoniques, le magistrat instructeur découvre que Thierry Tilly s'apprête à partir pour la Suisse.

Il est arrêté à sa sortie de l'avion, le 21 octobre 2009 à Zurich. Le 28 octobre, il est mis en examen pour « escroqueries », « séquestration accompagnée d'actes de torture ou de barbarie », « extorsion de fonds », « abus de l'état de faiblesse de personnes en état de sujétion psychologique ou physique », et accusé d'avoir transféré vers l'étranger près de 4,5 millions d'euros entre 2000 et

2008. À ce chiffre s'ajoutent le détournement de meubles, bijoux, tableaux et objets de valeur, ainsi que le détournement de salaires, retraites et autres emprunts des Védrines réalisés en Angleterre.

Tilly refuse tout avocat, convaincu qu'il détient des connaissances juridiques suffisantes pour se défendre. Il conteste tout. Il affirme que Guillaume de Védrines – qui, d'après ses dires, est en charge de la gestion du patrimoine familial depuis 2001 – est le coupable des faits qui lui sont reprochés. Il ajoute que les membres de la famille de Védrines sont « gluants et collants » et qu'ils l'ont ruiné.

Thierry Tilly est entendu au total huit fois par le magistrat instructeur, entre le 28 octobre 2009 et le 5 octobre 2011. Deux magistrats vont se succéder : Stéphane Lorentz débute les investigations avant de laisser place à Philippe Darphin. Aux enquêteurs, le mis en cause assure que les seules relations financières qui le lient aux Védrines sont associées à un projet immobilier dans la station de ski d'Albiez-Montrond, où il est propriétaire de terrains et où vivent ses parents. Concernant la Blue Light Foundation, il explique qu'il s'agit d'une fondation humanitaire de droit canadien, dont le président est Jacques Gonzalez et dont les fonds lui appartiennent personnellement. Coopératif lors des premières convocations avec le juge d'instruction, au bout du quatrième interrogatoire Thierry Tilly se montre plus agressif. Il refuse de répondre à certaines questions et profère des propos insultants à l'encontre du magistrat. À plusieurs reprises, Thierry Tilly affirme vouloir s'en tenir à ses déclarations écrites, répétant sans cesse au juge qu'il a déjà répondu sur tel ou tel point et qu'il doit se contenter de ce qu'il a envoyé par écrit au procureur. Lorsque le juge lui demande s'il connaît les raisons pour lesquelles les Védrines ont décidé de vendre l'intégrité de leurs biens immobiliers, la réponse de Thierry Tilly est sans appel : « Pour des raisons d'évasion fiscale. Vous avez des enquêtes de police qui répondent à cela et qui montrent que je suis innocent. Faites votre travail. » Le juge poursuit, malgré tout, et veut savoir quand il a initié l'ouverture des comptes à l'étranger afin d'y transférer les fonds de la famille de Védrines. « J'agis sur les instructions de monsieur Jacques Gonzalez. Tout ce que j'ai à dire l'a déjà été par écrit. Vous faites ce que l'on appelle un entretien redondant. » Le juge ne se démonte pas, et l'interroge sur ce qu'il reste aujourd'hui des fonds transférés par les Védrines. « J'ai déjà répondu à votre question. Guillaume de Védrines était en charge de ces fonds, vous avez la mémoire volontairement courte », rétorque-t-il d'un ton sec. Si, face à certaines questions, Thierry Tilly peut paraître nerveux, la plupart du temps il affiche un aplomb déconcertant. Lorsque le magistrat évoque des sommes d'argent en liquide que Tilly aurait fait acheminer à Jacques Gonzalez par un intermédiaire,

Thierry Tilly ne mâche pas ses mots : « N'importe quoi. Je crois, monsieur, que vous êtes un doux rêveur. Au regard de vos onze années de procédure, il y a eu Outreau et il y aura votre procédure. » Avant d'ajouter : « Je ne continue pas votre parodie procédurale. Comme on dit, "causez toujours, ça m'intéresse". » Ses réponses frisent l'insolence. Imperturbable, le juge d'instruction continue. Thierry Tilly reste de marbre. Il refuse de « répondre à des fariboles », de rentrer dans « un cercle vicieux juridique », de participer à cet entretien « ridicule ».

Le juge : « Christine de Védrines explique avoir été assignée dans sa chambre avec interdiction de sortie. Elle ne bénéficiait plus de sa carte d'identité, ni d'argent. »

Thierry Tilly s'indigne : « Je ne comprends pas pourquoi vous me posez des questions sur lesquelles je nie. Vous n'auriez pas des tendances un peu staliniennes ? C'est très particulier comme méthode. Vous avez des problèmes de maîtrise juridique et intellectuelle de ce dossier, vous n'êtes pas du tout à la hauteur. »

Thierry Tilly n'en démord pas. Il considère cet entretien comme une « honte ambulante », une « gabegie ».

« Qui est qui dans ce dossier, qui manipule qui ? » assène-t-il, provocateur.

24

Retour au réel ?

Le clan Védrines est désormais complètement écartelé. Seuls Charles-Henri et Ghislaine sont restés dans le bungalow oxfordien. À cette époque, Ghislaine n'est pas étonnée de la fuite de sa belle-sœur : elle a toujours pensé que Christine était le maillon faible. Qu'un jour elle les trahirait. Charles-Henri, lui, est déboussolé. Lorsqu'il a entendu le message vocal de Christine, son premier réflexe a été d'en informer Tilly. Au téléphone, il explique à son confident qu'il n'aurait jamais cru cela possible, qu'il ne comprend pas. Il n'avait pourtant rien noté d'inhabituel, ces derniers jours. « On arrangera ça plus tard », lui a répondu Tilly.

Que s'est-il passé ? Charles-Henri a beau rejouer encore et encore la dernière fois où il a vu sa femme, il n'a rien remarqué d'anormal. Bien sûr, il n'a pas oublié la traumatisante séquestration qu'elle a endurée pendant une dizaine de jours… Mais cela n'explique pas pourquoi son épouse depuis trente-quatre ans l'a quitté subitement. Tilly convainc malgré tout Charles-Henri de la nécessité de divorcer. Celui-ci accepte, mais garde son alliance au doigt. À ses enfants, il justifie ce choix par ces mots :

« On l'a mise ensemble, on l'enlèvera ensemble, l'un en face de l'autre. »

Les autres Védrines sont au plus mal. Guillaume est depuis longtemps tombé en disgrâce auprès des siens. La matriarche, Guillemette, n'est plus que l'ombre d'elle-même. Elle a désormais quatre-vingt-seize ans. Elle ne peut plus monter les escaliers et son corps la fait souffrir. Ghislaine fait tout pour la soulager. Elle lui fait sa toilette, l'habille, la déshabille. Encore et encore.

Le jour où, en écoutant la radio, Ghislaine et Charles-Henri, toujours reclus à Oxford, apprennent que Tilly a été interpellé, ils pensent que les journalistes se sont fait manipuler. Qu'il s'agit d'une opération montée de toutes pièces.

« Tilly avait prévu le coup : il nous avait dit que si un jour il était arrêté, c'était prévu, car il devait tester la sécurisation des prisons », souffle Charles-Henri. Ils sont embrigadés depuis tant d'années, ils sont tellement « dans les rails » de l'emprise (comme le dira un membre de la famille lors du procès), que, dans un premier temps, l'information ne déclenche pas le moindre électrochoc. Pour Ghislaine, le monde extérieur affabule, ment, ignore. Alors que, eux, les Védrines, sont dans la vérité. Elle demeure donc persuadée que Thierry Tilly va bientôt revenir. Cette arrestation doit être un malentendu.

Pendant ce temps, Jean Marchand voit se présenter à lui nombre de charlatans pour l'aider à « exfiltrer » sa famille. Il y a aussi toutefois de vrais experts dans le domaine. L'un d'eux sort du lot. Il est loin d'être un imposteur. L'avocat Daniel Picotin est président d'Info Sectes Aquitaine. Sa connaissance des dérives sectaires n'est plus à prouver. Le pénaliste a été présenté à Jean par Marie-Hélène, l'amie de Christine. Il a participé au groupe « Sectes » de l'Assemblée nationale et s'est, depuis, spécialisé dans l'abus de faiblesse et la manipulation mentale. Daniel Picotin est aussi connu pour ses compétences politiques : l'avocat est alors conseiller régional d'Aquitaine après avoir été, durant treize ans, conseiller général de Gironde. Face à lui, Christine émet quelques réserves : les Védrines « ne sont pas une secte mais une famille normale à qui il est arrivé quelque chose d'anormal ».

Il persuade Jean et Christine de pratiquer l'« exit counseling » pour aider leur famille à sortir de l'emprise. Il s'agit d'une méthode venue des États-Unis, élaborée par Steve Hassan, ancien membre de la secte Moon. Steve Hassan avait été enlevé puis séquestré de force par sa famille pour le « désenchaîner ». Une intervention que le jeune homme a perçue comme très violente. Après des études de psychologie, Steve Hassan a donc théorisé l'exit counseling, une action qui a pour but d'accompagner l'adepte afin de l'extraire en douceur de l'emprise. « Tout le travail d'exit consiste à réaliser des encoches pour percer la couche de fausses informations qui brouille la personne, en évoquant des gens du passé, des souvenirs heureux », explique maître Picotin à *L'Express*[1]. Il précise qu'il s'agit surtout de « provoquer le déclic » chez la personne sous emprise. Ce qui demande beaucoup de psychologie et de temps. « Lors de la procédure, la victime est extrêmement vulnérable. Prenons le cas de Guillaume de Védrines, par exemple. Quand il a eu le déclic, il a parlé pendant des heures et des heures. Comme un robinet qui coule », nous rapporte-t-il. « Lorsque j'ai vu la psychologue annoncer à Guillaume que Thierry Tilly avait été arrêté, en quelques secondes, son regard, sa posture, tout en lui avait changé. J'ai vu un poids tomber de ses épaules », abonde de son côté Christine.

L'intervention pour tenter de sauver Ghislaine, Charles-Henri, la matriarche et les derniers enfants Védrines est programmée pour novembre 2009. C'est l'opération « Bow-Window 1 », en référence à cette particularité architecturale typique des pavillons anglais. L'équipe est

1. « "Exit counseling", une méthode discrète pour exfiltrer les adeptes des sectes », *L'Express*, le 16 juillet 2014.

constituée de Jean, Philippe, Brigitte, Christine, Marie-Hélène et son mari, ainsi que d'une criminologue, d'une psychologue, et bien sûr de maître Daniel Picotin.

Mais, le jour de l'opération, rien ne se déroule comme prévu. Les « exfiltreurs » n'ont pas l'expérience requise, et l'opération est un échec. Des policiers britanniques interviennent alors que l'équipe du Bow-Window tente d'appréhender Diane, qui rejoint son domicile à vélo. Les forces de l'ordre les préviennent : s'ils continuent, ils peuvent se rendre coupables de *harassment*[1].

Les reclus, pris par surprise, se sont sentis attaqués. Ghislaine fait désormais régulièrement le guet au premier étage, derrière une petite fenêtre. Elle a le sentiment qu'un piège se referme sur eux. En l'absence de Thierry, tous craignent que les réseaux de Jean ne viennent les assassiner. Ils restent donc enfermés.

1. « Harcèlement » en français.

25

Insomnies

Pour Jean Marchand, la tension monte de jour en jour. Comme un compte à rebours. Il ne peut s'ôter de la tête les récits terribles qui ont marqué l'actualité de ces dernières années, dont ceux concernant la secte de l'Ordre du Temple solaire : en 1995, dans la forêt du Vercors, parmi les seize corps carbonisés, on identifie trois enfants ainsi que l'épouse et le fils de l'ancien champion de ski Jean Vuarnet. On parle de « tuerie-suicide ».

Le procès de l'Ordre du Temple solaire a eu lieu en avril 2001, à Grenoble. Le chef d'orchestre franco-suisse Michel Tabachnik, cinquante-neuf ans, a été poursuivi pour « participation à une association de malfaiteurs en vue de la préparation d'assassinats » : il était suspecté d'être impliqué dans le drame de décembre 1995 et d'avoir, à travers ses écrits ésotériques, introduit dans l'esprit des victimes « une dynamique mortifère ». Il a été relaxé et le parquet a fait appel du jugement. La cour d'appel de Grenoble l'a alors relaxé à nouveau. « Si, en première instance, Michel Tabachnik avait été relaxé au bénéfice du doute, la cour est cette fois beaucoup plus précise : elle estime que la preuve que Michel ait quelque responsabilité dans ce drame fait défaut », avait indiqué à *La Croix*[1] son avocat, maître Francis Szpiner. « Mon innocence a enfin été reconnue. J'émerge de onze années de cauchemar », avait indiqué le musicien dans un communiqué.

Autre histoire qui hante Jean : un an plus tôt, au Québec, dans un chalet de Morin-Heights appartenant à l'un des chefs spirituels de l'Ordre du Temple solaire, cinq personnes avaient péri dans un incendie. Le lendemain de ce drame, vingt-cinq cadavres avaient été découverts dans le village suisse de Salvan. Les expertises avaient démontré qu'on avait injecté aux victimes une dose mortelle de curare, une substance extraite des lianes d'Amazonie utilisée par les Indiens pour empoisonner leurs flèches. Toujours en Suisse, à Cheiry, dans le canton de Fribourg, vingt-trois adeptes avaient été retrouvés morts, tués d'une balle dans la tête, poignardés ou étouffés avec des sacs en plastique. Enfin, en 1997, les corps des cinq derniers membres de l'Ordre ont été découverts à Saint-Casimir, au Québec.

Au total, ce sont soixante-quatorze personnes qui ont trouvé la mort dans ces drames. Au départ, on a songé

1. « Michel Tabachnik relaxé dans l'affaire de l'Ordre du Temple solaire », *La Croix*, le 20 décembre 2006.

à des suicides collectifs. Mais la possibilité qu'il s'agisse d'assassinats n'a pas tout à fait été balayée.

Toutes ces tragédies tourmentent Jean Marchand chaque nuit.

Pourtant, c'est presque la fin du tunnel. Quelque chose va bientôt se fissurer, s'ouvrir chez les reclus. L'interpellation de Tilly ouvre une faille qui laisse s'immiscer le doute. Les jours défilent et si les Védrines sont incrédules au début, des questions vont émerger. Pourquoi ne donne-t-il plus de nouvelles ? Pourquoi n'est-il pas libéré par ses supérieurs hiérarchiques supposés ? Les Védrines se sentent encore plus exposés à leurs ennemis, à ceux qui fomentent un complot contre eux. Et la tentative d'exfiltration n'a pas arrangé la situation. Puis une émission de radio va les pousser à s'interroger sur leur sort. Un après-midi d'automne, Ghislaine et son fils François entendent la célèbre voix de Jacques Pradel qui présente l'émission Café Crimes sur Europe 1. Le journaliste spécialiste des affaires judiciaires consacre un épisode entier aux sectes. Il cite les critères qui permettent de les identifier. Ghislaine écoute avec attention : certains d'entre eux lui parlent. Serait-elle sous emprise, manipulée ? Première prise de conscience, premier vertige…

Daniel Picotin, Jean Marchand et les autres n'ont pas renoncé pour autant à leur objectif : libérer les Védrines du joug de leur gourou. Aidés financièrement par des subventions de la Région versées à l'association Info Sectes, Christine et son groupe retournent à Oxford. Cette fois-ci, l'équipe « Bow-Window 2 » fait les choses dans les règles : ils commencent par rendre visite au consul général de France en Angleterre, Édouard Braine, pour l'aviser de leur plan. Celui-ci en informe la police d'Oxford, afin que rien ne vienne troubler l'opération d'exit counseling.

Le 12 décembre 2009, une femme se présente au domicile oxfordien des Védrines, en tant qu'« émissaire du juge d'instruction ». En vérité, c'est une spécialiste de l'exfiltration missionnée spécialement par maître Picotin. Psychanalyste, elle a été formée par l'International Cultic Studies Association, une association basée aux États-Unis qui étudie les manipulations psychologiques et abus commis au sein des groupes sectaires.

Elle indique à Ghislaine qu'elle risque la prison pour complicité. Elle ajoute que Thierry Tilly a été entendu par la justice.

Enfin, elle lui annonce que Tilly les a dépeintes, elle et sa famille, comme des êtres « gluants » et « collants ». Ghislaine est sonnée.

Tout s'écroule à nouveau.

Tout ce qu'elle pensait acquis, tangible, incontestable depuis dix ans, ne le serait donc pas ? Si Tilly n'appartient pas à une instance supranationale, alors Jean ne serait pas non plus cet espion aux quarante maîtresses ? Son beau-frère ne serait pas l'assassin d'Anne ?

Et quid du complot ?

Cette révélation court dans les veines de Ghislaine comme un venin. Elle ne peut plus se voiler la face, et pourtant, une douloureuse lutte intérieure la tétanise. Un vide immense l'envahit.

Ghislaine n'a pas le temps de souffler que déjà la fausse juge propose de faire entrer dans la pièce ceux qui, précédemment, ont quitté l'enfer du huis clos. Charles-Henri embrasse Christine. Diane et Amaury enserrent leur mère. Philippe croise de nouveau le regard de sa sœur Ghislaine, malgré sa tentative d'agression. La matriarche retrouve les siens. François se sent libéré, délesté d'une lourde charge. On envoie un taxi à Bristol pour aller chercher la jeune Guillemette et lui annoncer la nouvelle de vive voix : c'est terminé, Thierry a été arrêté. « Ce fut un grand soulagement », résume Charles-Henri.

Jean, lui, n'est pas présent. Des mois plus tard, Ghislaine apprendra que son mari avait été écarté de l'expédition. Christine avait désapprouvé la médiatisation de l'affaire qu'il avait réalisée pour tenter de sauver les siens. Mais ce soir-là, personne n'est d'humeur à se rendre des comptes.

Tous partagent le même repas et rédigent ensemble une lettre au juge, expliquant qu'ils souhaitent se constituer partie civile.

Le 13 décembre, Christine retourne en France. Mais, cette fois-ci, avec son mari.

26

Une question d'emprise

Comment onze membres d'une même famille ont pu accorder foi durant dix ans aux mensonges délirants d'un affabulateur, perdre à ce point toute pensée raisonnée, tout sens critique ? Daniel Zagury, expert psychiatre auprès des tribunaux, habitué des cours d'assises et ancien médecin de l'hôpital public, les a tous expertisés. Il a la voix d'un homme qui inspire confiance. Une prestance de colosse. Le regard empathique, juste, soucieux lorsqu'il fronce ses larges sourcils fournis, « il est un de ces hommes à lanterne auxquels on demande d'éclairer les cavernes humaines », a écrit à son sujet la chroniqueuse judiciaire au *Monde*, Pascale Robert-Diard.

Avant sa rencontre avec les Védrines, le médecin à la belle moustache mythique s'interroge naturellement sur le type de famille qu'il s'apprête à examiner. Qui sont ces gens ? Des fous, des vrais ? Daniel Zagury en connaît déjà un certain nombre : terroristes, tueurs en série… Guy Georges, Michel Fourniret, Monique Olivier, Patrice Alègre… Il les a (presque) tous expertisés. Et leurs victimes, aussi.

Alors quelle forêt le mystère Védrines dissimule-t-il ? Quelles failles psychiques, quelles défaillances de l'intelligence ont permis cet asservissement durant dix longues années ?

Daniel Zagury est alors loin d'imaginer que les Védrines n'ont rien de ces êtres qui tombent sous le charme d'un quelconque gourou. Lorsqu'il fait la connaissance de Ghislaine, Charles-Henri, Philippe, Christine et les autres, Daniel Zagury est stupéfait : ce sont des gens tout à fait normaux, sans pathologie mentale, bien éduqués et cultivés.

Alors le docteur Zagury ne peut s'empêcher de comparer l'entrée de Thierry Tilly au sein de la famille de Védrines à celle du « visiteur » chez les bourgeois du film *Théorème* de Pier Paolo Pasolini. « C'est l'arrivée du sauveur, de l'être idéalisé, de celui qui sait tout, qui va enrichir la famille, qui a une aura incroyable. Il incarne ce personnage tout-puissant qui tient votre vie en main… » Pourtant, cela a été dit et répété, Thierry Tilly n'a rien de charismatique. Aussi, l'expert précise : la clef de ce mystère est dans le transfert freudien. C'est l'image parentale idéalisée, fantasme des plus primitifs, qui est projetée sur un autre être. « Le transfert permet à l'être de donner le meilleur de soi-même. Dans le cas du transfert entre un professeur et son élève par exemple, cela peut être un moteur extraordinaire. Cela peut donner un élan formidable, une envie d'apprendre. Mais le transfert peut aussi être révélateur du pire, comme c'est le cas ici, où il y a eu un abus de transfert. » Si le terme peut paraître opaque, le psychiatre en a une définition très simple. Il compare l'abus de transfert à ce que font les informaticiens des services d'assistance : de la même façon qu'ils prennent la main sur votre ordinateur, Thierry Tilly a pris la main sur le psychisme des membres de la famille de Védrines.

Mais comment expliquer que tous les Védrines ont cru aux mensonges de Thierry Tilly, hormis Jean Marchand ? « Pour que l'abus de transfert fonctionne, il faut la rencontre d'une faille », estime Daniel Zagury. Dans le cas des Védrines, chacun présentait bien sûr des failles individuelles, mais il y avait aussi une faille commune, que ne présentait pas Jean Marchand. « Cette famille est une famille protestante dans laquelle le souvenir des persécutions catholiques est très fort, ce qui éclaire une partie de leur paranoïa : le monde extérieur est hostile. »

La seconde dimension avec laquelle Thierry Tilly a joué est l'idée d'un passé grandiose, poursuit le docteur Zagury : cela fait partie de leur légende familiale, liée à cette conviction qu'ils descendent de Saint Louis. Thierry Tilly était celui qui allait les ramener à leur grandeur passée et mythifiée.

Enfin, troisième levier de manipulation : comme dans toute fratrie, des histoires ont lézardé la peau fragile des relations. La question de l'héritage a notamment joué en faveur de Thierry Tilly.

En ce qui concerne l'utilisation du terme « secte », Daniel Zagury est catégorique : il préfère parler de « famille sectarisée ». À propos de Thierry Tilly, pour l'expert, cette « capacité à saisir les autres » est liée à son « incapacité à se saisir soi-même » : « Thierry Tilly fait partie de ces êtres qui ont besoin de leur victime pour survivre psychiquement. Faute de pouvoir entrer en contact avec lui-même, il s'est nourri et abreuvé de l'autre. »

Ces questions, les Védrines ne se les posent pas encore. Se retrouver leur suffit. Après ce dîner improvisé, Ghislaine décide malgré tout de rester à Oxford avec sa mère. À Noël 2009, Christine et Charles-Henri lui rendent visite, pour célébrer la fête de la Nativité ensemble. Un mois plus tard, Guillemette de Védrines entre dans sa quatre-vingt-dix-septième année. Entre-temps, Ghislaine et Jean vont s'écrire. Puis s'appeler. Renouer.

Début mars 2010, Ghislaine reçoit une convocation du juge d'instruction. Elle a rendez-vous dans son bureau le 9 mars. Avec Jean, ils décident de se retrouver deux jours plus tôt. Cela fait près de neuf ans qu'ils ne se sont pas vus.

Le 7 mars, Ghislaine prend l'Eurostar avec son fils François. Jean les attend, gare du Nord, au bout du quai. Les retrouvailles sont intenses, silencieuses, physiques. De retour dans leur maison de Fontenay-sous-Bois, Ghislaine constate que rien, depuis la dernière fois où elle y a dormi, n'a changé. Comme si, après ces longues années, sa maison avait sagement attendu son retour.

Peu de temps après, la matriarche Guillemette de Védrines est rapatriée à Bordeaux, en ambulance.

27

Le marionnettiste

Après l'interpellation de Thierry Tilly, sa femme, J., ainsi que la fille aînée de celle-ci tentent de contacter Jacques Gonzalez, qu'elles pensent être le supérieur de Thierry Tilly. Démunies, sans argent et sous le coup d'une menace d'expulsion, elles lui demandent de les aider. Mais l'homme semble peu concerné par leur dénuement et leur conseille de se tourner vers Ghislaine Marchand. La femme de Thierry Tilly se rendra compte bien plus tard que, durant treize années de vie commune, son mari n'a fait que lui mentir. Au juge, elle expliquera combien ce réveil a été douloureux pour elle. Elle évoque une vie confuse et décousue. Elle raconte aussi que Thierry Tilly la tenait pour responsable de leurs malheurs, qu'il lui disait qu'elle ne comprenait rien, qu'elle le gênait au quotidien.

Le 1er juin 2010, Jacques Gonzalez, président de la Blue Light Foundation et présenté par Thierry Tilly comme « le cousin du roi d'Espagne Juan Carlos », est interpellé. Le vice-président de cette fondation, Pascal B., considéré comme l'homme de main de Jacques Gonzalez, ainsi qu'une ancienne maîtresse de ce dernier seront interpellés à leur tour, grâce à une opération de surveillance mise en place par les enquêteurs en septembre 2010. On reproche à Pascal B. d'avoir transféré de l'argent en espèces et des cadeaux à Jacques Gonzalez. Finalement, il bénéficiera d'un non-lieu. On a reproché à l'ancienne maîtresse de Gonzalez, à l'instar d'autres personnes de son entourage, d'avoir profité de l'argent soutiré aux Védrines : Jacques Gonzalez lui aurait notamment offert de nombreux présents sans que celle-ci ne pose de questions sur leur provenance. Elle bénéficiera d'un non-lieu également. Les investigations font rapidement apparaître que Jacques Gonzalez n'ignore rien des Védrines et de leur argent. Alors qu'il se rend dans un organisme de gestion de retraites, il est aperçu par les enquêteurs au volant d'une Ford bleu foncé dont le titulaire de la carte grise n'est autre que Ghislaine Marchand. Cette dernière avait en effet souscrit un contrat de leasing (location avec option d'achat) à la demande de Thierry Tilly car « son patron en avait besoin ». Toutes les contraventions pour excès de vitesse étaient donc au nom de Ghislaine, qui se voyait retirer des points sur son permis de conduire.

Lors de son interrogatoire, c'est un homme d'une soixantaine d'années, amoindri, aux cheveux grisonnants, qui fait face aux enquêteurs. Jacques Gonzalez assure ne pas avoir le sentiment de s'être rendu complice des infractions dont on l'accuse. S'il ne conteste pas avoir reçu de la part de Thierry Tilly des fonds qu'il savait provenir de la famille de Védrines, l'homme insiste pour dire qu'il pensait que ces derniers souhaitaient financer sa fondation. Il conteste être le donneur d'ordres. Selon lui, Thierry Tilly était juste chargé de rechercher des financements pour la fondation. Jamais, toujours selon lui, il ne s'est présenté comme appartenant aux services secrets. Certes, il a rencontré Ghislaine à deux reprises et n'a jamais eu d'autres donateurs pour la Blue Light Foundation que les Védrines. En effet, il n'a jamais déclaré l'argent reçu à l'administration fiscale. Mais il affirme avoir toujours été persuadé que les Védrines faisaient ces dons pour maintenir à flot sa fondation.

Pourtant, près de cinquante fois, Thierry Tilly a indiqué aux enquêteurs qu'il agissait sous les ordres de Jacques Gonzalez. Dans plusieurs courriers, il réitère ces affirmations. Il soutient que Gonzalez appartient à l'Inspection générale des services de la présidence de la République française. Il prétend qu'il mène une enquête fouillée sur la corruption politico-judiciaire des magistrats du siège du tribunal de grande instance de Bordeaux intitulée « Justice propre à Bordeaux ». Il invoque une couverture opérationnelle concernant son incarcération à Bordeaux. Il demande à la justice de se rapprocher rapidement de

Jacques Gonzalez afin d'étudier de manière urgente les modalités d'établissement de son non-lieu total et de son rapatriement en Angleterre « pour nécessité de services ». Il précise que les fonctions de Jacques Gonzalez seraient celles de secrétaire général de la présidence de la République, voire de patron d'un service de contrôle étatique de la Haute Administration française. Il préfère parfois dire que Jacques Gonzalez est le supérieur hiérarchique de cinq directeurs de structures de renseignement de l'État français ayant autorité sur l'IGPN (Inspection générale de la police nationale, dite « police des polices »). Thierry Tilly indique aussi agir d'après les directives de Jacques Gonzalez en vérifiant les carences et les dysfonctionnements de l'instruction menée par les juges concernant les Védrines. Les enquêteurs sont effarés. Dans ce cadre, Tilly affirme être dans l'obligation, toujours sur les instructions de Jacques Gonzalez, de suspendre les juges d'instruction de leurs fonctions compte tenu de leurs carences, au même titre que leur collègue co-saisi du dossier, le juge des libertés et de la détention ayant délivré son mandat de dépôt, ainsi que le chef de détention, le directeur de la maison d'arrêt et le procureur de la République de Bordeaux…

Mais Jacques Gonzalez n'en démord pas : jamais il n'a réclamé pareilles choses à Thierry Tilly. Celui qui commence à être perçu par les enquêteurs comme le cerveau est alors examiné par des psychiatres et des psychologues. L'expertise psychiatrique montre que le mis en cause détient « des possibilités intellectuelles manifestement au-dessus de la moyenne » malgré « des traits narcissiques évidents qui colorent l'ensemble de son propos ». Et aussi : « L'existence chez le sujet de tendances égocentriques, voire perverses, avec une propension à l'utilisation et à la manipulation de l'autre, une jouissance tirée de la falsification de la relation, notamment lorsqu'il réussit à tromper en inspirant confiance, ne sont en réalité pas exclues. Ces stratégies que l'intéressé s'attache justement à dissimuler, dans un rapport à autrui foncièrement inauthentique, qui relève du jeu, ne s'accompagnent d'aucun remords ou sentiment de culpabilité. » L'expert chargé d'interroger Gonzalez note également un « désir de maîtrise de l'autre » avant de conclure à « une responsabilité entière » puisque l'infraction qui lui est reprochée n'est qu'« indirectement en rapport avec des particularités mentales ou psychiques », ce qui dénote une « personnalité narcissique et égocentrée ».

Une confrontation est alors organisée entre Thierry Tilly et Jacques Gonzalez le 13 juillet 2010. Mais, Thierry Tilly se bornant durant tout l'entretien à tourner en dérision les questions du magistrat instructeur, ce rendez-vous n'a pas permis de clarifier les relations entre les deux acolytes.

Le 17 mars 2011, une seconde confrontation est organisée, mais cette fois-ci entre Tilly et les six parties civiles. Il est question des transactions financières, des violences psychologiques et physiques, ainsi que du dispositif relationnel établi par Thierry Tilly. Le mis en cause, non assisté par un avocat selon son souhait, ne répond pas aux questions et s'exprime avec des propos visant à disqualifier les questions posées.

Le 10 mai 2011, Thierry Tilly est convoqué devant le tribunal correctionnel de Libourne, en Gironde, pour « outrage à magistrat » : entre avril et juin 2010, il a écrit à dix-sept reprises au juge Stéphane Lorentz depuis sa cellule à la maison d'arrêt de Gradignan, l'outrageant vingt-huit fois, rapporte *Sud Ouest*[1]. « Il faut mettre fin à votre mascarade car votre folie destructrice vous a poussé trop loin quels que soient vos stratagèmes et combines [...]. Vous êtes inapte à exercer votre fonction de juge, vous êtes une belle m****, un petit télégraphiste », a notamment écrit Thierry Tilly à Stéphane Lorentz.

---

1. « Le "gourou" présumé condamné à six mois de prison ferme », *Sud Ouest*, le 11 mai 2011.

Ce jour-là, il assure sa défense seul. « Je vais garder le silence car parler constituerait une perte de temps, étant en mauvaise compagnie », déclare Tilly, de but en blanc, aux magistrats du tribunal, en arborant un air de suffisance et de mépris. Il est finalement condamné à huit mois de prison dont six ferme avec interdiction d'entrer en contact avec le juge Lorentz. « Je vous remercie [...] cela nous donnera l'occasion de nous retrouver devant la Cour européenne des droits de l'homme », conclut-il, avant de quitter la salle d'audience sous escorte.

28

Des aristocrates au tribunal

24 septembre 2012, tribunal correctionnel de Bordeaux. Premier jour du procès dit « des reclus de Monflanquin ».

La tribu des Védrines est, presque, au complet. Manque Guillemette de Védrines. Elle a vécu ses derniers jours à Talade dans la maison de son fils Philippe et s'éteint à Bordeaux le 26 novembre 2010, à quatre-vingt-dix-sept ans. Le domaine de Martel, désormais, n'appartient plus aux Védrines.

Quelques semaines plus tôt, la matriarche avait été hospitalisée à la polyclinique Bordeaux Nord-Aquitaine, où son fils Charles-Henri, fut un temps, avait travaillé. Ses obsèques ont été célébrées à Monflanquin, dans un froid mordant. Une cinquantaine de personnes s'étaient réunies dans un petit temple protestant du centre-bourg. Puis la défunte a été inhumée dans le cimetière de la bastide, qu'elle n'avait presque jamais quittée de sa vie. Ses enfants étaient tous présents. Pour nombre d'entre eux, c'était la première fois qu'ils revenaient sur leurs terres depuis l'affaire. En ce jour d'automne, ils sont à nouveau réunis, pour une ultime épreuve : le procès.

Dignes et résolus, tous s'avancent vers le palais de justice, non sans appréhension. Ils s'apprêtent à vivre deux semaines intenses de débats durant lesquels leur vie, leur intimité vont être exposées au regard de tous. C'est d'une grande violence. Sans compter la confrontation avec celui qui, durant près de dix ans, leur a fait vivre un calvaire.

Christine a été soumise à de telles humiliations que la justice a longtemps pensé à qualifier ces faits d'actes de torture et de barbarie. Soit un chef d'accusation passible de la cour d'assises et puni de quinze ans de réclusion criminelle.

L'événement judiciaire, largement médiatisé, est aussi mondain. Car Charles-Henri a une certaine notoriété à Bordeaux, du fait de ses engagements politiques et de sa réputation de gynécologue. L'affaire provoque aussi la venue de curieux. Et de la presse, surtout. Sur toutes les lèvres, la même question : comment expliquer que des gens normaux aient pu tomber dans un piège si grotesque ?

L'enjeu est de taille. À l'image de cette quarantaine de tomes de procédure qui forment un petit muret face à la présidente, Marie-Élisabeth Bancal. On imagine que les questionnements des trois magistrats du tribunal correctionnel seront essentiellement d'ordre psychologique puisqu'il s'agit de traiter des notions aussi obscures que l'emprise mentale et les dérives sectaires.

Auparavant vice-présidente auprès du tribunal de grande instance de Marseille – où elle exerçait en qualité de secrétaire générale de la présidence –, Marie-Élisabeth Bancal a commencé sa carrière en 1979 comme substitut du procureur à Valenciennes. Ses cheveux coupés court, son corps un peu frêle et ses lunettes sobres lui donnent un air strict.

Ce jour-là, face à Thierry Tilly, elle sait se montrer ferme. Elle n'en est pas à son premier gros dossier : à peine était-elle arrivée à Bordeaux qu'elle avait été chargée de chapeauter une partie d'une autre affaire de famille, l'affaire Bettencourt. Alors première vice-présidente de la chambre du tribunal correctionnel de Bordeaux, Marie-Élisabeth Bancal avait été désignée, aux côtés de cinq autres magistrats, pour traiter ce dossier tentaculaire mêlant accusations d'abus de faiblesse sur l'héritière de L'Oréal, soupçons de trafic d'influence et financement politique occulte. La magistrate est saisie sur le volet autour de l'accusation d'abus de faiblesse initiée par l'héritière de Liliane Bettencourt (sa fille, Françoise Bettencourt Meyers) contre le photographe et ami de la milliardaire, François-Marie Banier. Autant dire que les montages financiers doublés de pression psychologique ne sont pas des phénomènes inconnus de

Marie-Élisabeth Bancal. Réputée parmi ses pairs pour sa puissance de travail, c'est une magistrate dont la solidité n'est plus à prouver.

Ce premier jour est dédié à l'analyse de la personnalité du principal prévenu. Face à la presse, son avocat, maître Alexandre Novion, se dit tout à fait serein. Le pénaliste vient tout juste d'avoir quarante-cinq ans. C'est l'une de ses premières grosses affaires. Un an plus tôt, il avait notamment surpris le tribunal, alors qu'il défendait un homme de trente-quatre ans pour viol et séquestration. Tout le monde s'attendait à ce que l'accusé soit condamné : le mis en cause avait déjà passé dix-huit mois en détention provisoire et la version de la plaignante paraissait cohérente. Elle avait expliqué qu'après une soirée arrosée dans une boîte de nuit de Bordeaux l'homme lui avait proposé un dernier verre chez lui, en compagnie de l'un de ses amis. Elle était montée, il avait fermé la porte, l'avait frappée puis violée. Le parquet avait requis dix ans de réclusion criminelle. Tout semblait scellé. Aucun suspense. Jusqu'à ce que maître Novion entre dans le ring. Après deux heures et demie de plaidoirie, le pénaliste avait su convaincre les jurés. Selon lui, le témoignage de la plaignante présentait trop de zones d'ombre alors que le récit de son client était des plus limpides. Certes, il avait frappé la jeune femme. Mais ce n'était pas pour la violer. C'était parce qu'il l'avait surprise en plein ébat sexuel avec son ami, dans son salon. Et qu'il avait exigé qu'ils déguerpissent. Ce que la jeune femme avait refusé de faire.

Il y eut également ce meurtre d'un homme de vingt-huit ans, à Rochefort. Maître Novion défendait le principal suspect, un maçon de vingt-neuf ans qui vivait avec la victime sous le même toit. Des colocataires ? Pas vraiment. Le mis en cause venait tout juste de sortir de prison. Il avait obtenu une liberté conditionnelle, avec bracelet électronique et obligation de rester à son domicile. Or, durant son séjour derrière les barreaux, sa femme était tombée amoureuse d'un autre. Hors de question pour elle de vivre sans son nouvel amant. Elle impose donc une promiscuité dangereuse, un triangle amoureux qui ne saurait durer. Mais elle ne donne pas le choix à son ex-compagnon : il devra faire avec. Une torture pour l'accusé, qui a explosé au bout de trois semaines de cohabitation, tuant son rival de deux coups de couteau dans le dos.

Voilà en résumé les deux principaux dossiers portés par maître Novion alors qu'il s'apprête à assurer la défense de Thierry Tilly dans l'affaire des reclus de Monflanquin. Un procès d'une tout autre envergure pour l'avocat.

Cheveux en bataille, il dénonce sans détour devant les caméras une instruction à sens unique et fustige une enquête où « un seul côté a été éclairé, le côté de la secte ». Contrairement à maître Daniel Picotin, l'un des avocats des parties civiles et spécialiste en dérives sectaires, qui estime que cette affaire est emblématique du problème de la manipulation mentale, maître Novion, lui, juge ridicule l'idée selon laquelle son client aurait exercé sur les Védrines une emprise sectaire. Pour lui, Tilly n'a rien d'un maître spirituel. À la limite, un escroc, mais un gourou, certainement pas.

Lorsque maître Novion rencontre pour la première fois Thierry Tilly, il s'attend cependant à découvrir un effroyable personnage. Son imagination est nourrie de récits lus dans la presse. Et il pense que, pour avoir réussi à mettre ainsi des membres d'une même famille sous sa coupe, l'homme doit avoir une aura extraordinaire, mystique. Il est déçu. Au centre d'une pièce de quinze mètres carrés se tient un petit bonhomme sans chaleur affective ni charisme, au regard bleu. Regard que maître Novion a du mal à soutenir. Il est si froid, apathique. Si insupportable que, parfois, l'avocat ressent le besoin de tourner la tête. Au risque de froisser son client. Alors il prend sur lui et tente de faire abstraction.

La posture de son client, recroquevillé, noueux et aride, tranche avec son abondante logorrhée. Le prévenu évoque sa vie en prison, certains passages de livres qu'il a appréciés. Il demande aussi à l'avocat de lui apporter des documents dont il a besoin, et des crayons de couleur. Maître Novion essaie de comprendre l'homme derrière le *gourou*. En vain. Il tente d'en savoir plus sur l'enfance de son client, mais celui-ci se braque immédiatement. « J'ai compris que je ne pourrais franchir certains seuils sans risquer une rupture avec lui. Il était à vif sur certains sujets, notamment son enfance. Aborder avec lui cette période de sa vie c'était prendre le risque qu'il me tourne le dos et qu'il ne me fasse plus jamais confiance », se souvient maître Novion. Thierry Tilly fait illusion en énumérant mille choses dont il aurait besoin. Pour lui, ce procès est un complot. Mais il va bientôt être libéré. Il lui faut des autorisations, certains papiers. Devant maître Novion, il parle de tout, sauf de ce qui présente un intérêt réel pour sa défense au tribunal. Un vrai moulin à paroles : à chaque rendez-vous au parloir, impossible de l'arrêter. Il mitraille. Thierry Tilly lui cite des faits et des événements très précis au sujet de l'affaire des « reclus de Monflanquin ». L'avocat est frappé par sa mémoire colossale. Alors l'homme de loi note tout scrupuleusement : il craint que, d'une entrevue à l'autre, son client ne le prenne en flagrant délit d'oubli et ne le juge incompétent. Tilly parle tellement que maître Novion, incapable de couper court à leurs entrevues, se voit même obligé de passer un accord avec le gardien : lors de leurs entretiens, au bout d'une heure, l'agent pénitentiaire doit entrer dans la pièce et annoncer que la visite est terminée.

Manquant cruellement d'informations au sujet de son client et espérant en apprendre un peu plus sur ses jeunes années, maître Novion décide alors de rencontrer le père Tilly. Celui-ci lui a confié avoir beaucoup souffert de l'éloignement soudain de son fils. Issu d'un milieu modeste et fils unique, Thierry Tilly était un enfant travailleur, qui ne posait jamais aucun problème. De lui, Alain Tilly confiera à maître Alexandre Novion que c'était « un enfant qui passait sa vie dans les livres », qu'« il s'était créé un monde à travers des histoires ». Et surtout une, « celle qu'on appelle le roman national », précise le pénaliste. Passionné d'histoire, le jeune Thierry Tilly collectionne les livres qui traitent des récits historiques. Ces ouvrages sont illustrés avec des images colorées, où on peut voir Vercingétorix venant se rendre à César devant Alésia, ou encore Saint Louis rendant la justice sous son chêne à Vincennes. Autant d'images d'Épinal. Doté d'une mémoire considérable, le petit Thierry mémorise les dates et les noms des grands hommes sans effort.

Une fois adulte, Thierry se défait comme d'une vieille peau de serpent de sa famille pour entrer dans une autre histoire. Il voulait déshabiter son milieu pour ce qui, selon lui, constituait sa véritable identité : « celle d'un châtelain, d'un chevalier », analyse maître Novion. « Il a opté pour une “glissante, sombre et muette” présence, dont parlait Montaigne », ajoute-t-il. Autrement dit, il est devenu un chaperon, un séminariste. Celui de Ghislaine.

D’après l’avocat, Ghislaine, de son côté, aurait succombé au syndrome de l’imposteur : elle ne se sentait pas reconnue par sa propre famille, souffrait d’avoir épousé un « roturier », cherchait sa place, et avait développé un sentiment de non-reconnaissance. Face aux doutes de la quinquagénaire, Thierry Tilly s’est positionné peu à peu comme l’homme de la situation.

29

Un prévenu grotesque

Ce 24 septembre 2012 donc, s'ouvre pour maître Novion l'un des procès les plus marquants de sa carrière. Ce jour-là, il se sent bien seul face aux multiples robes noires qui entourent la famille de Védrines. Il les contemple de loin. Pour maître Novion, Thierry Tilly a été victime de son admiration pour Jacques Gonzalez. L'escroc, c'est lui et non Tilly, assure-t-il au procès. « Devenu un témoin ordinaire de la vie des Védrines, tout en ayant contribué à leur dépouillement, Thierry Tilly se prenait pour un garçon de la famille. Il croyait vraiment être devenu un fils Védrines parmi les Védrines. Il s'était réellement convaincu de certaines choses complètement dingues, sur lesquelles il argumentait. Jusqu'à en décourager parfois ses interlocuteurs »[1], affirme le pénaliste. Maître Novion s'interroge même sur l'honnêteté des Védrines : jusqu'où ont-ils été réellement dupes ? N'ont-ils pas tout simplement été attirés par l'appât du gain ? Par les plus-values promises par Tilly s'ils lui confiaient leur argent ?

---

1. Extraits d'un entretien avec l'auteur.

À son arrivée dans le box, Tilly n'est plus que l'ombre de lui-même. Il a beaucoup maigri. Son visage est émacié. Il a l'air fébrile. Derrière ses petites lunettes, il a le regard fiévreux. Sur son front, une mèche soigneusement peignée. Jacques Gonzalez, lui, est venu au procès en fauteuil roulant : en raison de son diabète et de son artérite, il a dû être amputé de la jambe droite et du pied gauche. Lui qui se prétendait Grand d'Espagne n'est en réalité grand de rien. Face aux flashs des photographes, il cache son visage avec sa main gauche. On ne peut voir que quelques cheveux sur son crâne dégarni. Sa voix est dénuée d'émotion, morne.

On interroge tout d'abord Thierry Tilly sur sa vie, sa personnalité. Qui est-il réellement ? Qui est cet homme qui a réussi, durant dix ans, à manipuler tout un clan ? Comme avec les Védrines, le prévenu aligne mensonge après mensonge. Il affirme que, s'il n'était pas né, sa mère serait devenue championne de patinage artistique. Qu'il descend en ligne directe de la maison autrichienne des Habsbourg, l'une des dynasties les plus influentes d'Europe. Il ajoute que sa grand-mère était mannequin et que son grand-père est issu de la noblesse bretonne. Son père ? Un nageur de combat qui a travaillé dans les services spéciaux du ministère de la Défense. En réalité, Alain Tilly, autrefois employé civil du ministère de la Défense, a été impliqué dans un important trafic d'alcool. Dans les années 80, il a été le complice du roi des fêtes parisiennes, le propriétaire des mythiques boîtes de nuit Le Palace et Les Bains-Douches, Hubert Boukobza. En avril 1989, Alain Tilly avait en effet été inculpé et écroué par le tribunal judiciaire de Paris pour avoir trempé dans une affaire d'escroquerie et de faux en écriture. Le tenancier star de l'époque Hubert Boukobza avait demandé à Alain Tilly de se faire passer auprès de la société de vermouth italien Martini & Rossi pour un responsable de l'approvisionnement pour les militaires de la région parisienne. L'objectif : acheter du champagne et autres boissons alcoolisées à des prix préférentiels. Le Tunisien payait la marchandise en liquide. La transaction ne générait donc aucune facture, ce qui permettait à l'homme d'affaires de proposer ces bouteilles au prix fort dans ses établissements. Selon les estimations des enquêteurs, le préjudice s'élevait à près de 70 millions de francs[1]. Ensuite, longtemps Alain Tilly et sa femme ont tenu un magasin de sport dans une station de ski, à Albiez-Montrond. Leur vie était rangée depuis l'affaire Boukobza.

---

1. « Cinq personnes inculpées et écrouées après la découverte d'un trafic de boissons », article paru dans *Le Monde*, le 21 avril 1989.

De temps à autre, Tilly se fend d'une petite anecdote : quand il avait deux ans, il a été battu par son père, ce qui lui a valu d'avoir des convulsions nerveuses et un strabisme. C'est pourquoi il n'aurait pas pu faire du tennis en compétition. Alain Tilly s'en offusque : « Il a eu des convulsions à deux ans et demi, on l'a soigné, il a eu des problèmes de vue et a été opéré. »

Thierry Tilly rapporte aussi avoir « sauté à douze ans d'un Transall [modèle mythique de l'aviation française, notamment utilisé par les parachutistes] avec une dérogation du général Bigeard ». Et ce n'est pas tout : il a aussi fait « du renseignement free-lance pour des donneurs d'ordres, dont Jean-Luc Lagardère »...

Mais la présidente Marie-Élisabeth Bancal n'est pas du genre à se laisser mener en bateau. Exaspérée, la magistrate ordonne à Tilly d'arrêter de « saouler le tribunal ». Au fil du procès, le masque de Thierry Tilly tombe. Les Védrines et tout l'auditoire apprennent qu'il n'a jamais été à Saint-Cyr, mais qu'il a été scolarisé à Saint-Cyr-l'École, une commune des Yvelines, en primaire. Né le 29 mars 1964 à Bois-Colombes, il a passé deux ans dans un lycée militaire et a échoué au concours de l'École navale. « Je suis arrivé soixante-deuxième pour soixante pris », affirme-t-il. De ses formations diverses, les enquêteurs n'ont retrouvé aucune trace : droit à Assas, doctorat en marketing, pour lequel il aurait rédigé une thèse sur la contrefaçon, DEA en économie internationale, master en gestion immobilière à l'École des bâtiments et des travaux publics… Rien de tout cela n'était vrai.

Au procès, les personnes présentes à l'audience ne peuvent que constater « le contraste entre cette famille et ce pauvre type qui avait une mémoire colossale et une habileté surhumaine pour voir les failles des êtres et les utiliser », se remémore Daniel Zagury. « Quelque part, on avait envie d'arrêter le procès et d'applaudir, de dire "Chapeau, l'artiste". Je pensais que j'allais rencontrer un homme d'une habileté incroyable, mais j'ai été déçu : je me disais que ce n'était pas possible que ce freluquet crétin soit le même que celui qui avait manipulé toute une famille durant dix ans. Au final, lorsqu'on enlève le poisson de son bocal, il frétille. »

Autrement dit, lorsqu'il perd le contrôle sur son environnement, Tilly perd ses moyens.

La présidente confronte Thierry Tilly aux courriels écrits aux Védrines, dans lesquels il parle d'un complot maçonnique. Cynique, il évoque devant la cour « un trait d'humour ». Une plaisanterie que « n'a pas relevée le tribunal », note, impassible, la présidente Marie-Élisabeth Bancal.

Dans la salle, face à la logorrhée foisonnante de Tilly, le public tente tant bien que mal de réprimer des rires. Même les avocats peinent à retenir les leurs. C'est à se demander comment les psychiatres n'ont pu déceler une pathologie mentale chez cet homme au discours abracadabrant. Non pas qu'il n'y ait aucune logique dans ses propos : tout semble construit, structuré, raisonné… Mais en décalage avec la réalité. Difficile ainsi d'imaginer qu'il puisse avoir asservi une famille entière.

Mais ce serait oublier les grandes capacités de Thierry Tilly à faire illusion. L'expert psychiatre a ainsi noté dans son rapport des « tendances mythomaniaques » tout en soulignant que le mis en cause est doté d'une « intelligence supérieure ». Il « submerge son interlocuteur sous un flot d'informations pour le mener là où il l'entend ». Décrit comme « volubile », Tilly « contrôle son émotivité » et « garde tout son sang-froid » durant la durée de l'entretien. De même lors de son expertise, le psychologue constate une « hyper-adaptabilité aux situations » et un désir de « toujours mener le jeu ». Pendant cet échange, Thierry Tilly présente « une image grandiose de lui-même » et « évite d'aborder sa vie affective et son ressenti émotionnel ». « Sans spontanéité, son discours est très construit et impersonnel. […] Il utilise des éléments de la réalité pour les détourner à son avantage. […] Avec une puissance de conviction, il tente d'imposer ses vérités en mettant tout en œuvre pour que l'on adhère à son discours », poursuit l'expert.

Sur le banc des parties civiles, les Védrines se sentent d'autant plus ridiculisés. Pourtant – ce qui est inattendu –, eux-mêmes ont, parfois, du mal à se contenir. Ils sont tiraillés par la honte d'avoir cru cet énergumène et par l'envie de rire face aux propos délirants de celui qui fut leur maître à penser. Pour autant, en chacun d'eux, la souffrance est là, tapie. Comment oublier ces dix années d'errance ?

30

« *Lavage de cerveau* »

25 septembre 2012, deuxième jour du procès. Pourquoi avoir visé les Védrines ? Thierry Tilly s'explique. Durant le Seconde Guerre mondiale, sa mère aurait tissé des liens forts avec la matriarche, Guillemette de Védrines, en lui offrant régulièrement… des tartes au citron. On peut se demander si Tilly joue sciemment un jeu tactique pour feindre la folie ou s'il est à ce point déconnecté du réel qu'il affabule encore et toujours sur d'improbables faits.

Le jour suivant, l'homme qui a présenté Thierry Tilly à Ghislaine de Védrines, maître Vincent David, vient témoigner. Il est désormais âgé d'une soixantaine d'années. Chauve, lisse, souriant, Vincent David, avocat de profession et ancien parent d'élève de la FemSec, semble avoir été d'une incrédulité pour le moins déconcertante. Son silence interroge. « Avec le recul, je me dis que son seul objectif était de viser une famille riche et de vivre de son capital. Il est brillant, mais utilise ses facultés intellectuelles de façon abjecte : c'est de l'abus de confiance. Au départ, il fait preuve de doigté, puis il place les gens dans une sorte de sujétion », explique-t-il au tribunal. Thierry Tilly, lui, affirme que Vincent David est au contraire celui qui a conseillé aux Védrines de ne plus payer leurs impôts. Le témoin manque de s'étouffer. « Quoi, moi, un avocat, conseiller à des gens de ne pas payer leurs impôts ? »

Le 27 septembre, deux des enfants de Charles-Henri et Christine, Diane et Amaury, s'expriment. Amaury a désormais trente-deux ans. Séparé de sa famille et forcé à se cloîtrer durant neuf mois, il fait état du supplice que lui a fait subir Thierry Tilly. À la barre, dans un témoignage glaçant, il raconte avoir eu, durant toute cette période de sa vie, des pensées suicidaires. « C'est effrayant à quel point j'étais dans une grande solitude et un grand désespoir. »

Jean Marchand est également entendu. Il évoque avec dignité et d'une voix posée son combat pour retrouver ses proches, pour les faire sortir de l'emprise.

« Les Védrines écoutent le témoin, horripilés. Il reste l'époux de celle qui a introduit Thierry Tilly à Monflanquin. Le mur est tombé, mais un fossé l'a remplacé », rapporte alors le chroniqueur judiciaire du *Figaro*, Stéphane Durand-Souffland.

Près de quatre jours se sont écoulés depuis le début du procès. Ce 28 septembre, Thierry Tilly semble avoir sombré un peu plus dans son délire. Il s'agite dans son box. Lorsqu'il prend la parole, il bégaie. C'est au tour de Christine d'être entendue. Elle a envie « de cracher tout ce [qu'elle a] sur le cœur ». De « le faire condamner ». Elle raconte notamment son calvaire, la torture psychologique et physique subie à Oxford pour qu'elle livre le secret du « trésor de la transmission ». « Thierry Tilly nous avait réduits à un état de sous-hommes, nous étions dans un autre monde, très fatigués physiquement et psychologiquement », se souvient-elle. Mais ce qui touche encore davantage Christine, c'est de n'avoir pas pu jouer son rôle de mère : « Mes enfants croyaient, à cause de Thierry Tilly, que je ne les aimais plus. De mon côté, je sentais que j'aurais pu perdre mes enfants. J'ai mis neuf mois à récupérer ma famille : comme une grossesse[1]. » Frange jusqu'au bord des yeux, lunettes rectangulaires, Christine livre son récit avec calme. Celui-ci n'en est que plus terrifiant. Et bouleversant.

Le 1er octobre apparaît au tribunal le complice de Thierry Tilly, Jacques Gonzalez. Né dans une famille de commerçants et issu d'une fratrie de quatre enfants, il a

1. Entretien avec l'auteur.

terminé ses études après l'obtention du brevet et s'est ensuite lancé dans le négoce de voitures. S'il a rencontré Ghislaine, Christine et Charles-Henri ne l'ont, en revanche, jamais croisé.

Thierry Tilly lui « a été présenté par un ami », rapporte l'intéressé. « Il avait des connaissances bancaires, juridiques et informatiques. Il pouvait m'aider. Il me parlait beaucoup de la famille de Védrines. Mais cela ne m'intéressait pas[1]. » Pourtant, Jacques Gonzalez est tout de même accusé d'avoir participé au dépouillement des Védrines, et de s'être approprié 1,5 million d'euros. Aux enquêteurs, le mis en cause a dit avoir récolté cet argent pour construire des dispensaires en Afrique. Il n'en est rien. Il suffit de voir que Jacques Gonzalez roule en BMW, s'habille chez un célèbre tailleur italien et porte une Rolex pour se faire une petite idée de là où l'argent des Védrines a pu être investi. Sans compter que, lorsque les enquêteurs ont perquisitionné son domicile, ils ont découvert des lithographies du célèbre peintre et sculpteur français James Coignard, ainsi que de nombreux costumes de luxe de la marque italienne Zegna (vingt et un costumes, six pantalons et trente-deux chemises, pour une valeur de 84 000 euros) et trois cents bouteilles

1. « Reclus de Monflanquin : il menait la belle vie avec l'argent des Védrines », article paru dans *Sud Ouest* le 2 octobre 2012.

de vin, dont plusieurs grands crus. Les gendarmes ont aussi trouvé un coffre où sont enfermées huit Rolex et trois Patek Philippe (dont quatre sont des contrefaçons), une enveloppe contenant la somme de 30 000 euros en billets de 500 et une autre où est glissée la somme de 4 100 euros en billets de 100. « Il apparaissait que certains billets trouvés chez Jacques Gonzalez étaient les mêmes que ceux retirés en espèces en Angleterre par la famille de Védrines », note un enquêteur.

Jacques Gonzalez recevait donc une grande partie de l'argent des Védrines. « Il pensait qu'il s'agissait de dons » à la Blue Light Foundation, défend son avocate, maître Sylvie Reulet. Sauf que les Védrines étaient les seuls « donateurs » de la fondation. Ces fonds, Thierry Tilly les transmettait systématiquement à Pascal B. Un autre homme qui, d'après le procureur, aurait été tout aussi manipulé par Jacques Gonzalez que Thierry Tilly : Pascal B., qui se présentait comme « l'ami devenu majordome à titre gratuit » de Gonzalez, a servi d'intermédiaire. « Il semble n'avoir jamais connu les tenants et aboutissants de cette histoire. L'enquête n'a pas permis d'établir s'il avait connaissance de l'origine délictuelle des fonds, il convient donc de requérir un non-lieu en ce qui le concerne », a déclaré le procureur[1]. Il aura gain de cause.

1. Citations issues de documents de justice.

2 octobre. Daniel Zagury, l'expert incontesté de l'âme humaine, s'apprête à faire sa déposition après avoir rencontré les dix membres de la famille. Selon lui, Thierry Tilly aurait agi comme un « psychanalyste dévoyé » qui aurait exercé un « abus de transfert », montant les Védrines les uns contre les autres. « Les Védrines ne sont pas devenus bêtes d'un coup, note le psychiatre, mais leur intelligence a été mise en jachère », estime-t-il. Et ensuite, Thierry Tilly a joué sur la peur. Dans une sorte de « folie raisonnante ».

Ce 3 octobre, les Védrines défilent à la barre à tour de rôle : ils évoquent le lavage de cerveau qu'ils ont subi, les accusations terribles portées sur les uns et les autres. Brigitte n'arrive pas à prononcer le moindre mot. Philippe dit s'être senti comme une marionnette. Guillaume évoque l'état de ses dettes en Angleterre. Il rapporte qu'il souffre encore aujourd'hui du fait que Tilly ait monté une partie de sa famille contre lui. « Monsieur Tilly n'est pas un gourou, nous n'avons pas formé une secte. C'est un escroc, un grand pervers, un prédateur, le Hannibal Lecter de la manipulation ! » s'exclame-t-il. Charles-Henri regrette notamment d'être parti « comme un voleur » de son cabinet. Diane dit avoir eu, durant toutes ces années, l'impression d'avoir un « pistolet psychologique sur la tempe ».

Jeudi 4 octobre. C'est au procureur de la République de Bordeaux, Pierre Bellet, de faire son réquisitoire. Il dénonce « un menteur, un vantard, un imposteur, un triste sire de l'esquive à l'outrecuidance nauséabonde ». Ces élucubrations sans queue ni tête ? « Des mensonges préparés pour apparaître comme un doux dingue inoffensif et échapper à sa responsabilité pénale », estime le représentant du ministère public. Pour lui, c'est bien Thierry Tilly qui est à l'origine de cette incroyable machination, et non Jacques Gonzalez, parfois présenté comme celui qui tire les ficelles. « Thierry Tilly a-t-il, par pur esprit lucratif, orchestré pendant de longues années une emprise mentale sur onze membres de la famille de Védrines ? Jacques Gonzalez a-t-il, toujours par un esprit purement lucratif, apporté son concours à Thierry Tilly dans la manipulation de la famille de Védrines pour obtenir de l'argent facile ? » interroge-t-il.

Le représentant du ministère public dit estimer que « la question fondamentale n'est pas tant de savoir pourquoi ces techniques de manipulation mentale ont pu s'exercer, mais de constater qu'elles ont existé, et comment elles ont pu s'appliquer ».

Reprenant les éléments du dossier et l'analyse psychologique des victimes réalisée par l'expert Zagury, le procureur explique qu'au cœur de l'affaire des reclus de Monflanquin se niche le transfert : « Je vois en Tilly la méthode du serpent : la méthode tillyenne est une méthode reptilienne », estime-t-il. « Un personnage s'introduit dans la famille. Il est à la fois adoubé et coopté. Il est *supposé savoir*, dans une toute-puissance qu'on lui attribue. Ce personnage tout-puissant est également le relais de puissances tutélaires qui le dépassent. Il devient donc essentiel d'être soumis pour exister. Chacun se trouve en position de régression infantile, de sujétion. Ainsi disparaissent la rationalité, la logique, l'intelligence, ou tout simplement l'autonomie de pensée. L'intelligence est toujours présente, mais comme en jachère. Elle est inhibée », plaide Pierre Bellet, rapportant les propos de Daniel Zagury.

« Cela exige la connaissance de l'histoire de la famille et de la place que chacun y occupe (conflits larvés, rivalités, valeurs…) », poursuit le procureur. « On voit que Thierry Tilly connaît parfaitement la généalogie de la famille de Védrines. Chacun devient en quelque sorte paranoïaque le temps de l'emprise. Il n'y a plus de hasard. C'est d'ailleurs ce que Thierry Tilly répétait comme un leitmotiv. Les événements viennent donc réaffirmer sa crédibilité et son image de toute-puissance, dans une boucle d'autorenforcement. » Pierre Bellet soutient qu'il ne s'agit pas ici du procès d'une secte ou d'un gourou : « Ce sont des escrocs au sens général du terme. C'est en revanche un procès exceptionnel par la rareté d'une telle entreprise de vampirisation. » L'avocat général requiert dix ans de réclusion pour Thierry Tilly. La peine maximale. Il s'agit de « la durée de la peine de réclusion qu'il a infligée à la famille de Védrines », conclut Pierre Bellet. Concernant Jacques Gonzalez, il réclame cinq ans de prison dont quatre ferme.

À la barre, les conseils des parties civiles évoquent chacun les différents aspects qui font la particularité de ce dossier. Maître Benoît Ducos-Ader retrace avec pudeur les dix années de souffrance de ses clients. « Tilly, c'est un mélange de Raspoutine et de Machiavel », résume l'avocat. Maître Nathalie Pignoux souligne de son côté l'important préjudice matériel des Védrines. Quant à maître Daniel Picotin, il centre sa plaidoirie sur la manipulation mentale et dit qu'il s'apprête à envoyer aux parlementaires un texte ayant pour but de renforcer la législation autour de cette lourde problématique : ce manifeste demande que les plaintes des familles des victimes pour « abus de faiblesse » soient jugées recevables. Car c'est précisément cette impossibilité à porter plainte qui a fait défaut aux Védrines : si la jurisprudence reconnaît que, dans certains cas, les proches peuvent agir en justice s'ils ont subi un préjudice, seules les victimes peuvent porter plainte contre leur manipulateur. Ce qui, par définition, est quasi impossible, puisque, précisément, ces personnes se trouvent sous emprise. L'affaire des Védrines est donc symptomatique de ce problème « mal pris en compte en

Europe », analyse maître Picotin auprès de la presse, ajoutant espérer que ce procès fera comprendre que la manipulation mentale « peut frapper les gens les mieux installés dans la vie ».

La plaidoirie de la défense se tient le vendredi 5 octobre. Maître Novion fait partie de ces avocats friands de citations et de traits d'esprit. Il faut dire que c'est un pénaliste qui a le sens de la formule et qui aime les métaphores. À tour de bras, il cite tantôt Barthes, tantôt Chateaubriand, Hugo à deux reprises, Freud parfois, sans oublier Valéry, Céline, Montesquieu, Cervantès, etc. Se gardant bien d'évoquer la personnalité de son client, maître Novion préfère accabler Jacques Gonzalez, la tête pensante de cet incroyable montage psychologique, selon lui. Face à cet homme qui, contrairement à Thierry Tilly, semble avoir sa raison, maître Novion dépeint le mis en cause tel que le lui a décrit son père, Alain Tilly. Un adolescent solitaire, renfermé dans ses livres d'Histoire, rêvant d'aventures chevaleresques et dupe de son propre piège. Après tout, son souhait le plus intime n'était-il pas d'appartenir à la famille de Védrines ? De prendre une revanche sur sa condition sociale, sur sa vie ?

L'avocat semble parler de son client avec affection. C'est inattendu. Durant ces deux semaines de procès,

Thierry Tilly apparaissait plutôt comme un hurluberlu, une caricature clownesque. Avec la plaidoirie de maître Novion, l'aigrefin reprend toute sa dimension humaine. « Un réel exploit », note le journaliste Stéphane Durand-Souffland. Pour maître Alexandre Novion, la vérité est simple : « Thierry Tilly est sous le coup d'une double aliénation : celle du cinéma permanent qu'il se fait dans sa tête et celle du génie de Gonzalez[1]. »

Le jugement est rendu le 13 novembre 2012. Jacques Gonzalez écope de quatre ans de prison. Il ne fera pas appel. Le tribunal a estimé que, contrairement à ce que Thierry Tilly avançait, il n'était pas son « patron ». Thierry Tilly est, lui, condamné à huit ans de prison ferme. Son avocat a fait appel. « Vous avez condamné le citoyen français mais pas l'anglais, a répondu Thierry Tilly face à la décision du tribunal. Nous montrerons ce que c'est que le droit européen. Cela ne fait que commencer[2]. »

---

1. Citation extraite de l'article « Reclus de Monflanquin : Tilly, victime d'une "double aliénation" », paru dans *Le Point* le 5 octobre 2012.

2. « 10 ans de prison contre le gourou de Monflanquin, procès en appel », paru dans *Paris Match* du 4 juin 2013.

Un an plus tard, en 2013, devant la cour d'appel, les propos de Thierry Tilly se font encore plus délirants. Il assure être l'un des neveux de la reine d'Angleterre, mais aussi « roi d'Israël », et proche du général de Gaulle, dont il aurait été témoin de la mort (en 1970, donc). L'avocat explique à la cour qu'il s'agit là des « tartinades » habituelles de son client. « En tout cas je n'avais aucune raison de détourner les biens de la famille de Védrines, car je suis l'homme le plus riche de France : je suis le petit-neveu de Liliane Bettencourt. Et je peux le prouver », assène Tilly. Les Védrines préviennent la cour : Tilly fait tout pour passer pour un fou. Jamais il ne s'est comporté comme cela avec eux. « Je n'ai fait qu'appliquer leurs décisions et les aider. Ils ont abusé de mon bon cœur », se plaint Tilly. « Arrêtez votre cinéma ! » lui lance, agacé, le président. « C'est vrai que j'ai le premier prix de l'Actors Studio[1] », répond Tilly, sans rougir de son insolence.

Le mis en cause a été sanctionné encore plus sévèrement qu'en première instance : la cour a suivi les réquisitions du ministère public et condamné le bourreau des Védrines à dix ans de réclusion criminelle. La cour a également confirmé sa condamnation à cinq ans de privation des droits civiques et civils.

1. Citations extraites de l'article « Reclus de Monflanquin : le gourou fait son show à la barre », paru dans *La Dépêche*, le 23 avril 2013.

Tilly et Gonzalez ont également été condamnés à payer solidairement aux Védrines entre 35 000 et 80 000 euros à chacun, compte tenu du préjudice moral. Christine a reçu 80 000 euros et Ghislaine 35 000, soit la somme la moins importante. Concernant le préjudice matériel, Thierry Tilly et Jacques Gonzalez ont été condamnés à verser solidairement entre 32 000 et 574 000 euros à chacun des Védrines.

31

Derrière la toile

Il y a vraiment du Pasolini dans l'affaire des reclus de Monflanquin.

Insidieusement, les Védrines ont peu à peu sombré dans la paranoïa et la peur. C'est un ressort de l'emprise psychologique, définie par la psychothérapeute et auteur du livre *L'Emprise* Anne-Laure Buffet comme « une intrusion et une agression de la psyché jusqu'à annihiler l'autre ». Anne-Laure Buffet explique que ce système se base sur un « contrat tacite » (le « contrat d'emprise ») où la victime accepte de « renoncer à ses désirs pour aller à la rencontre de ceux du tyran dans un mouvement compensatoire d'un sentiment de détresse ». De manière tacite, la victime n'a donc pas le droit de remettre en cause la relation nouée entre le manipulateur et le manipulé. « Dans cette optique, une dérégulation perverse s'inscrit, puisque tout ce qui pourrait désorganiser cette relation sera considéré par l'agresseur comme irrespectueux et amoral, alors même que la relation d'emprise, déshumanisant un des deux interlocuteurs, est intrinsèquement amorale », poursuit Anne-Laure Buffet. Un cercle vicieux s'installe alors : « Le tyran veut toujours plus de pouvoir, de contrôle ou d'obéissance ; la victime cherche toujours plus de reconnaissance, de sécurité, de marques d'attention », pose la psychothérapeute[1]. Cette relation perverse – qui s'accompagne d'une surveillance accrue des comportements, parfois d'une dépendance financière, de chantage et de manipulation verbale où le manipulateur envoie des messages contradictoires – engendre chez la victime un sentiment de confusion, parfois des pertes de mémoire, une diminution de l'esprit critique, une loyauté quasi indestructible envers le manipulateur et une augmentation du seuil de tolérance aux violences.

Des mécanismes qui peuvent se retrouver au sein des dérives sectaires, mais aussi dans le cadre de violences conjugales. « L'emprise est un phénomène de violences psychologiques qui s'installe dans le temps. Ça commence par une phase de séduction narcissique, une alternance de violences et de marques d'affection. Un brouillage s'opère. Des choses agréables sont dites, suivies par des choses déplaisantes qui vont être justifiées », rapporte en ce sens la psychiatre et auteur de *Femmes sous emprise, les ressorts de la violence dans le couple*, Marie-France Hirigoyen[2].

---

1. « Chapitre III. Le mécanisme de l'emprise », *L'Emprise*, Anne-Laure Buffet, Presses universitaires de France, 2023.

2. Dans son article « L'emprise, cet engrenage crucial des violences faites aux femmes », *L'Obs*, le 24 novembre 2017.

Une fois ce système instauré et bien installé, chaque action du manipulateur a pour but la sujétion, la dépendance, l'instrumentalisation des sentiments, l'infantilisation de sa proie. Celle-ci perd son libre arbitre, ses repères affectifs et sociaux. « Ce processus est une entreprise de démolition, de déprogrammation d'une personne par l'isolement et la manipulation. Son but est d'exercer un pouvoir sur l'autre en abolissant son discernement afin de le réduire à l'état d'objet », analyse de son côté la psychologue spécialiste en victimologie Marie-Claude Barbin[1], « tout y est organisé, codifié pour que la victime croie renaître dans un monde idéal où elle sera protégée. Infantilisée, elle devra obéir et apprendre les nouveaux codes, la nouvelle façon de penser basée sur la crainte de l'extérieur. Par un mécanisme de survie, la victime se soumet. Elle n'existe plus en tant qu'individu. Elle ne vit qu'à travers son maître, qu'il soit présent ou non. Elle est prête pour lui à transgresser la loi, à risquer sa propre vie. »

La victime est conditionnée. Elle est dans le déni : son cerveau est programmé en mode « survie ». « L'endoctrinement provoque l'obéissance totale. L'adepte [...] voit en ce chef un maître, un "presque" dieu, et lui prête des capacités et pouvoirs liés au surnaturel et au magique », comme l'explique Anne-Laure

1. Source : site UNADFI.

Buffet[1]. Ce fut le cas pour les Védrines : la famille a prêté à Tilly des pouvoirs, une appartenance aux puissants, des liens sociaux qu'il n'avait pas.

Les manipulateurs ne choisissent pas n'importe quelle proie. Les victimes sont généralement des « êtres tournés vers les autres », explique de son côté Chantal Paoli-Texier, présidente de l'AJC, association contre la violence morale et intrafamiliale[2], « ce sont souvent des personnes qui exercent des métiers tels que professeur, instituteur, infirmière, médecin ou avocat ». Autant de typologies de personnes qui, par nature, sont « à l'écoute des autres », poursuit-elle, « et cette écoute peut être piégeante, parce qu'elles vont excuser l'autre. Elles vont essayer de le comprendre ». Contrairement à ce que l'on peut penser, la victime idéale pour un manipulateur mental n'est pas « la femme fragile, vulnérable » : au contraire, « les vrais prédateurs vont s'intéresser aux femmes qui ont du répondant », précise Chantal-Paoli Texier. Comme Ghislaine. Une fois la victime sélectionnée, « ces despotes peuvent asseoir leur terrorisme parce que les gens se taisent, se bouchent les oreilles et ne veulent rien voir. C'est systématique ».

1. « Chapitre III. Le mécanisme de l'emprise », Anne-Laure Buffet, *L'Emprise*, Presses universitaires de France, 2023.

2. Émission « Dans les yeux d'Olivier », France 2, le 16 juin 2016.

Thierry Tilly a révélé un contexte. Il est arrivé dans la haute société bordelaise, au milieu de notables bien ancrés dans la vie. Il a bousculé tout cela. Les Védrines sont alors passés d'un extrême à l'autre : leur quotidien immuable s'est transformé en allers-retours vides de sens, en missions de survie, complètement vaines. Ils ont été pris en étau par l'angoisse que Thierry Tilly a, au fil des ans, entretenue.

La suite est presque digne d'une parabole biblique. Il leur a annoncé qu'ils étaient « élus » et que la vie qu'ils menaient auparavant n'était qu'une chimère. On pourrait dire que, à cette époque, chacun, à sa façon, éprouvait une « traversée du désert ».

Pour Ghislaine, Thierry Tilly a représenté la possibilité de prouver sa valeur. Grâce à Tilly, elle est désormais au centre de tout. Elle acquiert tout à coup de l'importance. Car tous les messages du « messie » transitent par elle.

Pour Philippe, la rencontre avec Thierry Tilly est synonyme de revanche. L'homme providentiel lui dit ce qu'il voulait entendre : oui, il a été spolié, oui, c'est lui qui aurait dû hériter du château.

Pour Charles-Henri, Thierry Tilly est celui qui va lui permettre d'asseoir sa position de chef de famille. Le manipulateur a misé sur le devoir moral de Charles-Henri, celui de tout propriétaire terrien : la nécessité de faire fructifier ce qu'on a reçu de ses ancêtres. Mais Tilly a peut-être aussi joué sur ses possibles ambitions et engagements politiques.

Enfin, pour Christine, Thierry Tilly a appuyé sur ses difficultés à s'intégrer dans la famille de Védrines, sur son manque de confiance. Il a mis constamment à l'épreuve sa fidélité aux siens et à son mari, la provoquant pour voir jusqu'où sa loyauté aux Védrines pouvait aller.

32

De reclus à dépossédés

Dès octobre 2000, la fratrie Védrines avait transféré une grande partie de son épargne sur des comptes en Belgique et en Angleterre ouverts par les « services » de Tilly. L'objectif : mettre à l'abri le patrimoine familial et le faire fructifier. Les promesses de profit débitées par « l'espion » étaient alléchantes : les placements pour lesquels les Védrines signaient s'élevaient à 11 %, voire 14 % d'intérêts par mois. Difficile d'imaginer de tels profits. Et pourtant, Ghislaine, Charles-Henri et Philippe ont d'autant moins rechigné à confier leur argent à Tilly que celui-ci leur a fait comprendre que la protection spéciale dont tous faisaient l'objet avait un coût. Conséquent.

Christine a été la seule à émettre quelques réserves. Son mari réussit malgré tout à la persuader d'abandonner leur gestionnaire historique au profit de Thierry Tilly et de ses sociétés.

À partir de 2003, les Védrines, n'ayant plus aucune épargne pour « financer leur protection », ont dû vendre leurs biens immobiliers. Onze ventes immobilières ont été ainsi répertoriées entre juillet 2003 et juillet 2008, dont la propriété familiale, Martel. Les fonds issus des premières ventes ont été transférés à la Citibank. Ont alors été créées des structures, détenues et soi-disant gérées par les Védrines. Les fonds étaient en réalité encaissés sur les comptes anglais de Thierry Tilly ou sur ceux de sa société, Presswell, à la banque commerciale de détail National Westminster Bank, ou encore sur son compte américain, à la Fleet National Bank.

Entre 2000 et 2003, Charles-Henri et Christine ont transféré à l'étranger, à partir de leurs comptes joints, 459 707 euros. En septembre 2003, leur maison cossue de Caudéran, à Bordeaux, a été mise en vente. En parallèle de la vente de sa maison bordelaise et du château de Martel, Charles-Henri a débloqué certaines sommes de son épargne personnelle ainsi que de celles de ses enfants.

Les meubles de la maison de Bordeaux ont été envoyés à Londres et vendus par la célèbre société de vente aux enchères Christie's pour environ 88 000 euros. Au total, le couple aura « confié » à Thierry Tilly la somme de 3 112 432 euros.

Le patrimoine de la matriarche a été également exploité. Au total, Guillemette de Védrines a été dépossédée de 276 056 euros.

Philippe de Védrines de son côté a conservé les biens détenus en indivision avec son ex-femme, Ariane, à savoir la ferme de Talade, située en face du château de Martel, et leur appartement à Marly-le-Roi, dans les Yvelines.

Puisant dans son livret d'épargne, Ghislaine de Védrines aura de son côté versé près de 354 810 euros à Thierry Tilly. Une somme qui a permis de régler diverses dépenses en Angleterre et d'alimenter le compte en banque de la compagne de Tilly. Ghislaine aurait aussi confié sa bague de fiançailles à Tilly.

Sa fille, Guillemette, a remis à Thierry Tilly, en plus de sa bague de fiançailles, le cadeau de ses grands-parents paternels pour son mariage, s'élevant à 22 867 euros. Tilly a allégué qu'il devait confisquer cette somme car il s'agissait de « l'argent sale » que les grands-parents de Guillemette avaient volé aux Juifs durant la guerre. Comme son frère François, à partir de 2007, elle lui livre une partie de son salaire. La fratrie s'est vue aussi contrainte de contracter des crédits, dont elle remettait le produit à Tilly, tout en devant assumer la charge du remboursement.

Lorsque les Védrines l'interrogeaient, Thierry Tilly affirmait que cet argent était nécessaire pour les protéger. Il ne manquait pas une occasion de leur rappeler tout ce que son patron, Jacques Gonzalez, faisait pour eux. Sans lui, la plupart d'entre eux seraient déjà morts.

L'enquête a finalement établi que, entre 2000 et 2008, les Védrines avaient, au total, transféré 4 499 693 euros.

33

« Cette maison m'a été transmise pour la transmettre »

En 2018, Christine et Charles-Henri ont tenté de récupérer leur château. En vain. Le domaine de Martel avait été vendu en 2008 à une société immobilière pour 460 000 euros. En 2009, la propriété avait été acquise par un particulier pour environ 530 000 euros. Les Védrines avaient assigné un notaire du Tarn-et-Garonne ainsi que les nouveaux propriétaires devant le tribunal de grande instance d'Agen, estimant qu'il y avait eu « vice de consentement ». En septembre 2015, l'acte de vente entre cette société immobilière et la famille de Védrines avait été déchiré par le tribunal. Celui-ci avait estimé que les notables n'étaient pas lucides au moment de la vente, puisqu'ils étaient sous l'influence de Thierry Tilly, condamné en appel en 2013 à dix ans de réclusion pour « séquestration en vue de faciliter la commission d'un délit, violences volontaires sur personne vulnérable avec préméditation, abus de faiblesse de personne en état de sujétion psychologique ». Le notaire chargé de cette vente avait été condamné à verser 200 000 euros de dommages et intérêts à la famille et 490 000 euros à la société civile immobilière.

L'espoir de récupérer Martel était donc permis. Mais celui-ci a été réduit à néant par les juges de la cour d'appel : si les magistrats ont confirmé la décision de septembre 2015, ils ont en revanche estimé que la seconde vente, celle en 2009 de la SCI à un particulier, ne pouvait être invalidée. Selon les juges, elle avait été réalisée « de bonne foi ». Évidemment, les Védrines ont fait appel. On n'abandonne pas aussi facilement une demeure qui appartient à sa famille depuis près de quatre siècles. Alors l'avocat de la famille, maître Daniel Picotin, a plaidé le fait que les nouveaux propriétaires du château ne pouvaient pas ignorer, au moment de l'achat, les difficultés que rencontraient les Védrines. Pour l'avocat des propriétaires, c'était tout le contraire : ses clients n'avaient « rien à voir avec tout ça ».

Récupérer le château familial aurait été la seule et unique façon de prendre une revanche sur Thierry Tilly : « Cette maison m'a été transmise pour la transmettre ; jamais je n'ai consenti à la vendre[1] », souffle Charles-Henri. Mais la cour d'appel d'Agen en a décidé autrement : sa demande a été refusée par la justice.

Le notaire qui avait réalisé cette seconde vente s'en est sorti au mieux : estimant qu'il n'était pas prouvé qu'il avait « manqué à son obligation de vigilance » ou

1. *Le Figaro* du 11 juin 2018.

« commis une quelconque autre faute », la cour d'appel d'Agen a annulé sa condamnation. Il l'a échappé belle : il risquait de devoir se délester de près de 500 000 euros.

Jamais, donc, les Védrines ne récupéreront leur château.

Épilogue

Dix ans se sont écoulés depuis la fin du procès de Thierry Tilly. Ruinés psychologiquement et financièrement, les Védrines ont, chacun à leur façon, tenté de se reconstruire, de renouer avec le battement de la vie. Avec dignité, courage et résilience, ils ont dû affronter la réalité, rattraper le temps perdu, retrouver un équilibre. Chacun aujourd'hui aspire à l'anonymat.

Un tel drame laisse nécessairement des traces : le clan Védrines a été atomisé. De vieilles rancœurs ternissent aujourd'hui encore leurs liens : les fausses vérités déblatérées par Tilly ont laissé un arrière-goût amer. Quelques angoisses tenaces persistent. Et si le château n'est pas tout à fait à l'abandon, il a perdu à jamais l'âme des Védrines.

Avec le temps, tous ont retrouvé leurs amis, leurs cousins, une vie sociale et professionnelle.

Les Marchand ont consolidé leur noyau familial. Cette épreuve a renforcé leurs liens. Sans nier ce qu'ils ont vécu, ils essaient aujourd'hui de tourner la page. Ghislaine et Jean se sont remariés le 30 octobre 2010, trente-quatre ans exactement après leur mariage. Ils vivent de nouveau ensemble, à Bordeneuve. Le couple a aussi renoué avec l'organisation de festivals de musique, dont un à Villefranche-de-Rouergue et un autre en Normandie, « Musique en Côte de Nacre ».

Et pourtant, comment oublier ce « cauchemar durant lequel on perd toute faculté de repères, de recul, de vie » ? témoignait déjà en 2014 Ghislaine aux côtés de Jean Marchand sur un plateau du *Figaro*[1]. Comment passer outre après avoir vécu un « emprisonnement mental » ? Comment oublier celui qui a « capturé notre esprit, notre libre arbitre » ? Ghislaine préfère que certains souvenirs restent flous. « Aujourd'hui, on va de l'avant. Mais on en parle facilement. J'ai compris que la vraie famille, ce sont ceux qui s'aiment et s'entraident. Toutes les occasions sont bonnes pour qu'on se retrouve », témoigne-t-elle.

Chaque membre de la famille de Védrines, à sa façon, a tenté de répondre à cette question qui les hantera tous à jamais : « Comment avons-nous pu croire à cette mascarade ? »... Tous ont, encore aujourd'hui, cette volonté de décortiquer, d'analyser les faits, en toute humilité.

Comme Ghislaine, Christine a écrit un livre pour exorciser son histoire. Ce travail d'écriture lui a permis

1. Émission *Le Figaro*, « On ne parle que de ça », le 21 mars 2014.

d'enclencher un long processus de distanciation et de compréhension des mécanismes de l'emprise. Pour Guillaume, son fils : « Tilly a joué sur nos divisions pour donner corps à cette théorie de menaces, il a joué sur les qualités et les faiblesses de chacun, Tilly fait de vous un robot. L'épuisement et la peur vous empêchent de réagir, vous êtes placé en situation d'abus de faiblesse. »

Chacun a trouvé ses métaphores pour visualiser ce phénomène si abstrait. Charles-Henri, le médecin, parle d'une « tumeur infiltrante » : « Lorsque cela commence, cela ne se voit pas, mais quand on l'a vu, c'est déjà trop tard. »

Après neuf années passées derrière les barreaux, Thierry Tilly, désormais âgé d'une cinquantaine d'années, aurait quitté sa cellule durant l'été 2021. À sa sortie du centre pénitentiaire, il a envoyé un courrier à maître Alexandre Novion dans lequel il dit en substance n'avoir confiance qu'en lui, son avocat, et ne souhaite être contacté par personne, et surtout pas des journalistes[1].

Il a ensuite été interné dans l'Unité des malades difficiles (UMD) du centre hospitalier de Cadillac.

1. « Double peine pour l'ancien gourou de Monflanquin interné à Cadillac », *Sud Ouest*, le 13 novembre 2018.

Dans son roman *Le Mur*, Sartre dit qu'un crime « coupe en deux la vie de celui qui le commet ». Mais, dans l'affaire des reclus de Monflanquin, il n'y a jamais eu de rupture nette. Il n'y a pas eu de réel moment pivot, d'instant définitif où tout bascule. Il n'y a pas eu de *geste* qui change à tout jamais un destin. Le crime a été dilué dans le temps. Il n'en a été que plus imperceptible. L'emprise est un poison lent et invisible.

Remerciements

Merci à la famille de Védrines et à la famille Marchand pour leur confiance et nos nombreux échanges. Merci à tous ceux qui ont contribué à cet ouvrage, à Sofia Bengana, Carole Collin et Bruno Corty.

Un salut fraternel à mes amis du *Figaro*.

Merci à tous ceux qui, un jour, m'ont dit : « Ah oui, je me souviens de cette affaire ! »

Bibliographie

Les faits rapportés dans cet ouvrage sont basés sur des entretiens avec les principaux protagonistes de l'affaire, des interviews d'experts et des documents de justice.

Conformément à sa volonté exprimée dans un courrier à son avocat, Thierry Tilly n'a pas été sollicité pour cet ouvrage.

Ce récit a aussi été nourri par des lectures, podcasts et documentaires permettant d'ancrer cette affaire dans une époque et de questionner les différentes facettes de l'emprise mentale ainsi que des dérives sectaires en France.

Ouvrages

Diabolique. L'effroyable histoire d'une famille : Les reclus de Monflanquin, Ghislaine de Védrines et Jean Marchand (XO, 2014)

Nous n'étions pas armés, Christine de Védrines (Plon, 2013)

La Barbarie des hommes ordinaires, Daniel Zagury (L'Observatoire, 2018)

Raison d'État. Histoire de la lutte contre les sectes en France, Étienne Ollion (La Découverte, 2017)

L'Emprise, Anne-Laure Buffet (Presses universitaires de France, 2023)

L'Adversaire, Emmanuel Carrère (P.O.L., 2000)

Émissions, films, documentaires et podcasts

Série documentaire « Les reclus de Monflanquin », diffusée dans l'émission *13 h 15, le dimanche* le 21 et le 28 octobre 2018 sur France 2. Quatre épisodes signés Pauline Dordilly, Henry Desaunay, Fanny Martino et Mathilde Rougeron et présentés par Laurent Delahousse

Théorème, film de Pier Paolo Pasolini, 1968

Documentaire « Sous influence : les reclus de Monflanquin », diffusé dans l'émission *13 h 15 du dimanche* le 29 mars 2015 sur France 2, présenté par Laurent Delahousse

Documentaire « Les reclus de Monflanquin », diffusé dans l'émission *Secrets d'actualité* sur M6, saison 2004-2005, présenté par Laurent Delahousse

Émission *Le Figaro* « On ne parle que de ça », diffusée le 21 mars 2014

« Sous l'emprise d'un manipulateur », émission *Dans les yeux d'Olivier*, diffusée sur France 2 le 16 juin 2016

Podcast « Les reclus de Monflanquin », deux épisodes diffusés dans l'émission *Une histoire particulière* sur France Culture le 20 et le 21 mars 2021

Documentaire « L'affaire des "reclus de Monflanquin" », par Sébastien Gilles, Productions Tony Comiti, diffusé le 18 décembre 2018

Archive INA « 1er jour du procès des reclus de Monflanquin », émission *Le 6/7* diffusée sur France Inter le 25 septembre 2012

Archive INA « Correspondance : Bordeaux, procès en appel des reclus de Monflanquin », émission *Inter soir 19 h 00*, diffusée sur France Inter le 22 avril 2013

Archive INA « Jean-Pierre Brard à propos de la commission d'enquête parlementaire sur les sectes », diffusé le 24 décembre 1995

« Les sectes », émission *Café Crimes* présentée par Jacques Pradel sur Europe 1 et diffusée le 28 septembre 2009

Articles de presse

« Secrétaires, bonnes pour tout faire », article paru dans *Libération*, le 24 avril 1997

« L'hiver 1997-98, un pic de protestation des chômeurs en France », article paru dans *L'Express*, le 16 juin 2013

« L'appartenance à une secte et les droits et libertés de la personne en droit français », par Nicolas Guillet, publié dans *Les Cahiers de droit* en 1999

« Hubert Boukobza, le dernier tenancier des nuits parisiennes », article paru dans *Le Figaro*, le 13 mai 2018

« Les 172 sectes qui ont envahi la France », article paru dans *L'Express*, le 18 janvier 1996

« Ordre du Temple solaire : 74 décès, des corps calcinés, des massacres collectifs… Récit d'une apocalypse sectaire », article paru dans *Le Parisien*, le 15 juillet 2022

« Il faut créer une haute autorité », article paru dans *Libération*, le 1er juin 1998

« Les faux évêques du Fréchou (Lot-et-Garonne) poursuivis pour escroquerie La passion selon M. Seigneur », article paru dans *Le Monde*, le 31 mai 1990

« Les sectes dans le viseur des députés », article paru dans *Libération*, le 22 juin 2000

« Jean-Pierre Brard : Plus de vigilance », article paru dans *Le Figaro*, le 15 décembre 2006

« Critiquée, la Miviludes défend le principe d'une “liste” des sectes », article paru dans *Le Monde*, le 4 avril 2008

« The Green Baron », article paru dans *Oxford Mail*, le 7 février 2007

« “Exit counseling”, une méthode discrète pour exfiltrer les adeptes des sectes », article paru dans *L'Express*, le 16 juillet 2014

« Michel Tabachnik relaxé dans l'affaire de l'Ordre du Temple solaire », article paru dans *La Croix*, le 20 décembre 2006

« Le “gourou” présumé condamné à six mois de prison ferme », article paru dans *Sud Ouest*, le 11 mai 2011

« Cinq personnes inculpées et écrouées après la découverte d'un trafic de boissons », article paru dans *Le Monde*, le 21 avril 1989

« L'emprise, cet engrenage crucial des violences faites aux femmes », article paru dans *L'Obs*, le 24 novembre 2017

« Les “reclus de Monflanquin” récupéreront-ils leur château de famille ? », article paru dans *Le Figaro*, le 11 juin 2018

« En 1983, les sectes à l'index », article paru dans *L'Express*, en 1983

« La mort de Guillemette de Védrines, 98 ans », article paru dans *Sud Ouest*, le 27 novembre 2010

Comptes rendus d'audience du chroniqueur judiciaire Stéphane Durand-Souffland, pour *Le Figaro*

« La justice refuse de rendre aux “reclus de Monflanquin” leur château de famille », article paru dans *Le Figaro*, le 24 octobre 2018

« “Reclus de Monflanquin” : le témoignage des enfants », article paru dans *Sud Ouest*, le 26 septembre 2012

« Reclus de Monflanquin : le gourou fait son show à la barre », paru dans *La Dépêche*, le 23 avril 2013

« Reclus de Monflanquin : Tilly, victime d'une “double aliénation” », article paru dans *Le Point*, le 5 octobre 2012

« Reclus de Monflanquin : il menait la belle vie avec l'argent des Védrines », article paru dans *Sud Ouest*, le 2 octobre 2012

Autres sources

Entretiens avec Ghislaine et Jean Marchand, Charles-Henri et Christine de Védrines, Philippe de Védrines et Guillaume de Védrines

Entretiens avec maître Daniel Picotin, maître Alexandre Novion, Pierre Bellet et Daniel Zagury

Site de la Miviludes, Mission interministérielle de vigilance et de lutte contre les dérives sectaires
Site de l'UNADFI, Union nationale des Associations de défense des familles et de l'individu victimes de sectes
Réquisitoire du procureur de la République de Bordeaux
Procès-verbaux, expertises psychologiques et psychiatriques

Composition : Facompo, Rouen

#lisez! engagé
Pour plus d'information :
www.lisez.com
Imprimé sur du papier issu de forêts gérées durablement.

CET OUVRAGE
A ÉTÉ ACHEVÉ D'IMPRIMER
SUR ROTO-PAGE
PAR L'IMPRIMERIE FLOCH
À MAYENNE EN OCTOBRE 2023

N° d'impression : 103413
Imprimé en France